Für immer
aufgeräumt - auch digital
So meistern Sie
E-Mail-Flut und Datenchaos

极简工作

打败拖延和焦虑，从整理电脑开始

［德］约根·库尔兹 ◎ 著
(Jürgen Kurz)
王梦哲 ◎ 译

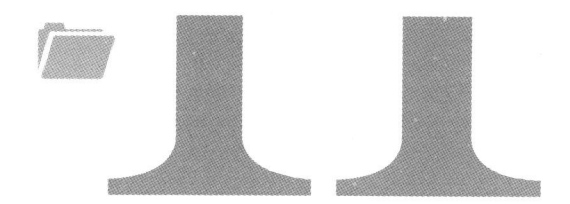

中国人民大学出版社
·北 京·

献给所有在职场奋斗,
难以见证孩子成长的父母

序
PREFACE

通往高效数字化办公之路

2007年约根·库尔茨的第一部畅销书《极简工作Ⅰ：工作中的断舍离，效率提高20%》出版了。对于他书中介绍的高效办公法，我始终深信不疑，因此欣然为其作序。

那本书主要涉及传统办公领域，围绕着如何处理纸质文件、如何使用办公用品及相关硬件设备而展开。但当下我们在办公时遇到的最头疼的问题，不再源于这些看得见摸得着的领域，而是来自信息庞杂的虚拟世界。大量待处理的邮件、不断累积的任务、持续增长的信息量，都困扰着我们。这本书便更进一步就此展开。

时至今日，我仍能回想起当初对数字化办公的奢望：以为只要轻轻地敲击一下鼠标，电脑就能自动处理好烦琐的任务；或者只要我们把那些庞杂的工作丢给智能设备，便可万事大吉。

当我们热忱地盼望着这些电子技术能为我们带来便捷时，迎来的只不过是希望的幻灭而已。难道我们需要更加强大的计算机？更多的信息存储空间？更普及的便携设备？不，都不是！我们需要的是能帮助我们处理信息洪流的方法，需要的是有人能鼓励我们善用电子设备，从而提高办公效率。

于是，约根·库尔茨开始着手，一步一步解释，如何处理成堆的邮件，如何维护数据秩序，如何泰然自若地面对爆炸的信息。

他在本书中告诉我们，怎样将传统办公与电子办公巧妙结合起来，从而轻松工作。约根·库尔茨是德国的效率专家，他帮助过数以百计的企业提高工作效率，让无数员工更好地掌控办公节奏，变得更为高效、更为成功。在效率这个话题上，他绝对经验丰富。他书中所介绍的方法从来不是纸上谈兵，已经有很多公司成功地将其运用于实践且收获颇丰。所以说，约根·库尔茨的高效办公法绝对有效！

通过这位效率专家的方法，人们的工作质量、生活质量也得以提高。约根·库尔茨再次用事实证明，高效而井然的生活触手可及，数字化办公领域也同样如此。

最后，我给大家的建议是，即刻开始将这些方法付诸实施吧，从此让生活变得更加高效而美好！

韦尔讷·提基·昆斯特马赫

前言
FOREWORD

愿你满载而归

谁也想不到,2007年加巴尔施普林格出版社出版我的作品《极简工作Ⅰ:工作中的断舍离,效率提高20%》后,会引起如此大的轰动。它曾蝉联德国《金融时报》畅销书冠军长达22周之久,德国重要网络书城managementbuch.de也将其推选为办公效率类销售冠军,该书至今已推出第七版,感谢读者对我作品一如既往的厚爱。

于我而言最有意义的是,能与我的团队一起,帮助国

《极简工作Ⅰ》中文版封面插图

内外各领域数以万计的职场人士将书中的高效办公法付诸实践，并使他们极大受益。

时至今日，世界范围内信息技术迅猛发展，我们每天都离不开智能手机、平板电脑以及各式各样的应用软件，虽然我们的生活因此变得更加智能，但这也同时带来了一个问题——信息爆炸。面对漫天的邮件和信息，每个人都有一个共同的愿望，那便是能高效自如地掌控工作。

通过本书，你能获得：

☞ 有效的方法，来应对众多工作中的问题。全书编排条理清晰，相信你能轻而易举地找到适合你的内容。

☞ 让你有所获益，帮你逐步提高效率的众多建议。你也会慢慢体会到持续进步的感觉，改善办公效率由此开始。相信通过小小的改变，便会成就更好的自己。如果你还想进一步了解我对改善办公效率问题的理解以及我们团队指导的实践经验，请点击www.füer-immer-aufgerüeumt.de。

☞ 在阅读过程中重要的是，切莫守株待兔。行胜于言，真正运用这些方法来提高办公效率吧！

☞ 另外你会发现，我并未针对具体的应用软件给出相应的建议，原因在于它们更新的速度实在太快，只有揭示那些共通的原则才有意义。当我们了解了这些基本原则后，数据处理才能真正为我们所用。否则，阐释太多细枝末节只会分散我们关注的焦点进而徒增麻烦。因此我想请你聚焦于这些提高效率的原则，针对不同的问题你都可以找到相应的应对策略，借此很多事情均可迎刃而解。而就具体的应用软件而言，在我的网站上你也可以找到详细的建议，但它们只是通过辅助性的插图形式出现。

☞ 请你亲自试试这些方法，然后找到一条最适合自己的路径。要知道，适合自己的才是最好的。

诚如《极简工作Ⅰ》一样，本书所介绍的方法也从来不是纸上谈兵，这些方法都已经为我们所熟知、为我们的客户成功运用于实践。如果你也能亲自试试这些方法，你会发现：所有待处理的信息都整理得井井有条，你始终都能统揽全局，只要轻点几下鼠标，这些数据就能为你所用。从此电脑不再是一个困扰我们的因素，而是帮助我们快速实现目标的帮手。

望你即日起能自如应对数字化办公。

约根·库尔茨

自 测	# 面对电子办公,你表现如何?

在你阅读之前,请你先进行自测,以便了解自己目前处理电子办公的水平,发现自己仍需提高的方面。

请你根据自身情况,勾选答案。

■ 数字办公

1. 整理文档时,你十分明确且条理清晰,知道哪些文件应进行电子存档,而哪些应进行纸质存档。　　□是　　□否

2. 你能避免相同信息的无效重复存储。　　□是　　□否

3. 文件都以清楚的文件名命名保存,例如你会以日期命名文件,并且你始终能找到它们的最新版本。　　□是　　□否

4. 你能在一分钟以内检索到使用频率很高的数据，例如电话号码簿、价目表等。例如你会通过内含链接的多级菜单来整理它们，从而达到这一目标。　　□是　　□否

5. 你的电脑桌面上抑或干净空白，抑或条理清晰地排列着应用程序和文件图标。　　□是　　□否

6. 你在各种网站上登录信息和密码既安全又触手可得。

　　□是　　□否

7. 因设备故障而引起的工作效率低下的问题不会出现，例如打印机缺少纸张、墨粉不足、计算机崩溃等电子办公硬件设备问题。　　□是　　□否

■ 邮件处理

8. 通过电脑、移动设备如智能手机、平板电脑等收取邮件时，你取消了提示音和提示图标。　　□是　　□否

9. 你每天会多次分批处理邮件。　　□是　　□否

10. 对于邮件的处理，你不单单只是查看，还会进行删除、转发、存档、修改或列入日程等其他操作。　　□是　　□否

11. 工作结束后你会清理收件箱。　　□是　　□否

12. 邮件中的任务或日程会被自动列入待办事项列表，并得到及时处理。　　□是　　□否

13. 处理邮件时，你会遵循一定的规则，例如发件时会抄送副本、发件有明确的事由、每封邮件仅含一个主题、自动署名、合理分组联系人等。　　　　　□是　　□否

14. 你能及时或在约定的答复期限内，处理所有重要的收信或发信。若不能及时答复，也会告知对方。　□是　　□否

■ 线上合作

15. 对于线上合作，员工内部遵循清晰的规则，例如团队成员共享团队负责人信息、成员启用outlook邮件自动答复功能、电话自动转接功能，等等。　　□是　　□否

16. 你能够确保数据及邮件的共享权限。　□是　　□否

17. 诸如工程信息等共享的数据通过清晰的结构得以保存。你能避免无效重复存储信息。　　　　　□是　　□否

18. 无论是公司的内部文件还是外部文件，均保存有信息名称和存储路径。　　　　　　　　　　　□是　　□否

19. 团队成员可以在一分钟内找到其工作所需的文件、邮件、数据等。　　　　　　　　　　　　□是　　□否

20. 团队成员均可不受地点限制安全地获取重要数据，例如邮件、联系人信息、日程安排、文件、演示文稿、图片等等，数据同步能够自动进行。　　　□是　　□否

21. 所有成员共享文件存放地址、联系人信息整齐有序、无需副本。即使员工在外出状态下也可轻松获取这些信息。

☐是　　☐否

22. 所有成员都熟悉并能使用办公程序的重要功能和快捷操作，例如Outlook、Excel、Word等。　　☐是　　☐否

23. 所有员工都了解复印机、数码相机、放映机等办公设备的使用方法，针对可能存在的操作困难，公司有关部门为其设置了相应操作提示。　　☐是　　☐否

24. 诸如数码相机、放映机等公用设备有固定的存放地点，以供大家使用。若设备正在使用，可以通过设备借用名单等方法知晓，是谁在使用该设备。　　☐是　　☐否

25. 有专门负责解答电子数据处理相关疑问的员工，大家都清楚在遇到困难的时候要向谁求助，并且在遇到问题时有相应的权责规则。　　☐是　　☐否

26. 定期对所有重要信息进行安全性检查，包括公司内部存储的本地信息。　　☐是　　☐否

27. 通过数字办公设备，会议计划更加充分，会议效率得以提高，例如通过Outlook会议邀请功能、电脑或放映机的即时记录功能、在线会议等等。　　☐是　　☐否

■ **测试结果**

通过这项自测，你可以了解自己目前处理电子办公的

水平,找到自己有待进一步改善的方面。你应该注意那些你的答案为"否"的问题,它们正是你目前亟待解决的不足。

你勾选"是"的次数为:

28次

抱歉,你数错了!

22~27次

恭喜!你表现十分优秀,你很清楚如何高效电子办公。相信与你合作会十分愉快。尽管如此,我们相信你仍存在进步的空间。

15~21次

祝贺你!你已经掌握了一些电子办公的技巧。相信你在阅读本书后,会取得明显的进步。

8~14次

你与很多工作者一样,在电子办公效率方面还有很多有待提高的地方。通过阅读本书,你会发现很多你能充分利用的方法,它们能帮助你显著提高工作效率,并提升工作乐趣。祝你好运!

1~7次

恭喜！你有最大的进步潜力！你可以仔细阅读本书，然后将书中的方法运用到实践中。你将会惊喜地发现，在你的工作过程中效率得到了显著提高！祝你成功。

目录 CONTENTS

第1章 自如应对邮件洪流 / 1

1.1 减少收信渠道 / 4

1.2 优化邮箱设置 / 5

1.3 清理收件箱 / 6

1.4 别把收件箱错当成任务列表 / 8

1.5 给邮件一个"家" / 9

1.6 处理邮件不仅仅是查看邮件 / 12

1.7 提高邮件回复速度 / 17

1.8 高效处理邮件的其他技巧 / 20

1.9 为工作团队制定邮件收发规则 / 22

1.10 使用文件收纳盒 / 25

1.11 提高效率目标达成 / 27

第2章 告别便利贴,轻松应对数字化办公 / 29

2.1 为文件标注存储路径 / 32

2.2 善用电子通讯簿记录信息 / 34

2.3 设置账户密码的技巧 / 36

2.4 维护公共数据秩序 / 39

2.5 使用透明内页的文件夹收集整理文件 / 44

2.6 提高效率目标达成 / 45

第3章 灵活应对数据混乱 / 47

3.1 重新构建有意义的数据存储体系 / 50

3.2 引入新的数据存储体系 / 54

3.3 工作时适用数字编号 / 61

3.4 依照统一格式为文件数据命名 / 63

3.5 避免文件重复归档 / 65

3.6 避免文件重复存储 / 67

3.7 为过时文件设置专门的存储文件夹 / 69

3.8 推行文件存储规则 / 70

3.9 提高效率目标达成 / 74

第4章 轻松处理团队协作 / 77

4.1 轻松确定会议日期 / 80

4.2 提高会议效率 / 85

4.3 轻松应对会议记录 / 88

4.4 理清团队权责分工 / 91

4.5 提高效率目标达成 / 95

第5章 巧妙处理信息洪流 / 97

5.1 更改你的收件箱设置 / 100

5.2 创建"订阅阅读"文件夹 / 101

5.3 将你希望之后阅读的内容集中存储在某一个位置 / 103

5.4 一键打开常用网站 / 104

5.5 善用"搜索"功能 / 106

5.6 使用电子笔记工具 / 108

5.7 提高效率目标达成 / 110

第6章 轻松管理电子设备 / 113

6.1 合理布置电脑桌面 / 116

6.2 将备用纸张摆放在触手可及的地方 / 118

6.3 减轻技术部门工作人员的工作压力 / 121

6.4 节约复印、打印文件的成本 / 124

6.5 给设备连接线贴上标签 / 126

6.6 标明电池电量情况 / 127

6.7 编写设备使用方法的简化教程 / 128

6.8 借用公共设备 / 130

6.9 提高效率目标达成 / 132

第7章 自主掌控工作任务 / 135

7.1 合理规划你的日程及工作任务 / 138

7.2 制定一周工作计划 / 143

7.3 制定每日工作计划 / 146

7.4 任务列表亦是档案目录 / 147

7.5 使用电子文件夹管理任务 / 149

7.6 提高效率目标达成 / 150

第1章

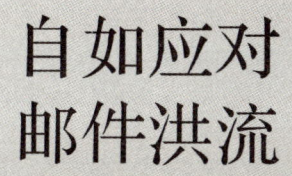

自如应对邮件洪流

你如何意识到自己

不受重视?

当你从未收到过垃圾邮件的时候。

——昂比肯特

在你的收件箱里现在有几封邮件呢？如果少于7封，那么你可以跳过本章；反之，我们希望你耐心地阅读本章内容。

电子邮件绝对是一项了不起的发明，它适用于下列情况：

☞ 快速联系一个或多个收件人；

☞ 在收件人离线状态下，也可传递信息；

☞ 收件人可对邮件信息再处理；

☞ 发送邮件传递信息，不会影响收件人的工作过程。

尽管电子邮件有许多优点，但如今却有很多人将它视为时间和精力的"掠夺者"。其实，错不在电子邮件，并不是电子邮件本身给我们带来了这样的烦恼。问题的关键在于，我们如何使用电子邮件。

曾经有客户来我这里咨询，告诉我这样一件事情。他的一位同事曾通过公司内部的邮件系统销售自己的二手自行车，所有的同事们都收到了这封恼人的邮件。要知道，大家耗费在阅读这种无效邮件上的时间价值，可是要比一辆破旧二手自行车的价值大得多。这可真是够烦人的。

本章接下来的内容将会告诉大家，如何将邮件使用频率保持在最低限度，从而专心投入到更重要的工作中，同

时大家也不会在充斥着垃圾邮件的邮箱中错过任何重要的信息。

1.1 减少收信渠道

如今人们接发信息有很多渠道，例如使用Facebook、德国XING网、LinkedIn等在线社交平台，或者成为Twitter用户的关注者。**但是多一条渠道就意味着你需要花费更多的时间和精力来维护它们。**

■ 解决方案

尽可能将邮件作为线上沟通的唯一渠道。

■ 这样做的好处

使用一条渠道接发信息有许多优点：

☞ 可以一目了然地在一处查找、回复全部信息，无须登录不同的社交平台，免于过度分散精力。

☞ 可以无障碍检索全部信件往来，无须另外思考信息来源于哪个收信渠道。

☞ 信息任你自如掌控。关闭一条社交渠道同时意味着移除那里所存储的信息。无人能够从你那获取电脑和服务器里的邮件及存储的数据信息。

■ 关键技巧

如果有人通过其他渠道给你发送信息，尽可能通过邮件回复他，并向其说明如此做的原因。

■ 附加建议

通过电子邮箱你甚至还可以管理传真文件和电话应答装置中的语音留言，这样一来，即使你在路上，也可以方便查阅收听这些信息。

1.2 优化邮箱设置

我与莱比锡应用技术大学合作完成的工作效率调查研究显示：邮件程序设置不好会降低人的工作效率。42%的受访者称因为工作受到邮件影响而倍感压力。通过优化邮箱设置便可解决这个问题。

■ 解决方案

遵循邮件为中心工作服务的原则进行邮箱设置，采纳以下行之有效的建议：

☞ 关闭收信的声音和图标提醒。

Ton für neue E-Mails: Ohne　　新邮件提醒：关闭

☞ 隐藏不重要的邮件提醒信息，例如信头完整信息、邮件大小、邮件优先级等。

☞ 信件往来意味着发送新邮件伴随着接收新邮件。设置你的邮箱收取那些你真正需要的邮件，摆脱收取邮件时需要投入大量精力进行处理的困扰。

■ 这样做的好处

你可以先发制人、更好地专注于当下的任务。除此之外你能彻底清空收件箱，而无须担心引起问题，也不必受大量邮件自动回复的困扰。工作快人一步提高了工作效率；而一味追随别人的脚步作出回应，则会饱受工作的困扰。

■ 附加建议

如果你使用智能手机或者平板电脑，按照上述方法进行设置也十分有意义。

1.3　清理收件箱

如果收件箱中经常充斥着大量的未处理邮件，不仅会挫伤我们的工作积极性，还会让我们养成良好的邮件处理习惯变得更加困难。

收件箱，第
1～50封，
共6 045封

■ 解决方案

设置一个名为"之前的邮件"的文件夹，并将大量未处理的邮件从"未读邮件"转移到这个文件夹。如此一来，你就重新得到了一个干净的收件箱。通过后面章节的学习，你会知道如何处理这些转移了的邮件并始终保持收件箱干净整洁。

■ 这样做的好处

一切又可以从头开始，从处理新收到的邮件开始，这对于提高效率非常重要，否则你将始终停留在过去而毫无进步。干净的收件箱如同干净的桌面一样能给人以舒心的感觉。

■ 关键技巧

从现在开始，要优先迅速有效地处理新收到的邮件。对于过时的邮件，你可以粗略浏览，每天抽出10~15分钟的时间对其进行处理。这样你既不会错过任何有价值的信息，杂乱过期的信息也不复存在。有些人甚至选择对那些过时的邮件置之不理，因为事情如果真的很重要的话，发件人一定还会再次通知他。可能这条建议对你来说也同样适用。

1.4 别把收件箱错当成任务列表

我在做咨询服务的过程中经常遇到这样的情况，有人总会把收件箱当成自己的任务列表来使用："我还得再查看一下我的收件箱。我把邮件放进我的收件箱了，以防我忘了它。"一旦跟不上处理节奏，刚刚清理好的收件箱就又会被塞得满满当当，重要的邮件便散落在混乱的收件箱里而无法得到及时处理。

■ 解决方案

你需要一个单独的待办事宜清单，使用文本文件就足够了。或者你可以使用微软Outlook的任务管理功能（可参见第7章）。将重要的段落复制粘贴下来，从而将任务转移。

■ 这样做的好处

使用单独的待办事宜清单或者任务管理功能有很

多优点：

☞ 你可以改变主题内容。如果邮件主题内容和重要的待办事项毫无关系的话，这一点尤为重要。

☞ 一般来说，一封邮件会传达很多待办事项。哪些是你已完成的事项？哪些是待办事项？**设置一个独立的待办事项清单，将任务逐条列明，这样你就不必每次重复获取多余的信息了。**

☞ 不同于邮件处理方式，你可以重新排列待办事宜。例如你可以按照时间期限将待办事项进行分类。

☞ 收件箱内始终井井有条，这可以为你带来愉悦的感受。

■ 关键技巧

将待办事项标注清晰，方便查看。清楚表述待办事项才更有效率，例如将任务标注为"与律师商议合同"，而不要简单列为"拟合同"。

1.5 给邮件一个"家"

邮箱内的邮件太过混乱或者分类太过精细都是电子办公常见的问题。

极简工作 ⅠⅠ
------打败拖延和焦虑，从整理电脑开始

```
▲ 📁 Posteingang
    📁 Ablage
    📁 Allgemeine Themen
    ▲ 📁 Archiv
        📁 Archiv 2008
        ▲ 📁 Archiv 2013
            📁 Chronik
        📁 Archiv Neu
        📁 Archiv nur wichtiges
        📁 Archiv vor 2010
    📁 Backupberichte
    ▲ 📁 Bilder 2013
        📁 Fotos
    📁 Dringend
    📁 Eigene Vorlagen
    ▲ 📁 Finanzen
        📁 Aktien
    📁 Hintergrundinfos
    📁 Kunden
    📁 Möglicherweise löschen
    📁 Protokolle
    ▲ 📁 Rechnungen neu
        ▲ 📁 Rechnungen
            📁 Rechnungen Handy
    ▲ 📁 Sonstiges
        📁 später lesen vielleicht
    ▲ 📁 Statistiken Chef
        ▲ 📁 Statistiken allgemein
            📁 Statistiken Chef neu
    📁 Strategie
    📁 Technik allgemein
    📁 Technik Drucker
    ▲ 📁 Technik sonstiges
        📁 Google Alerts
        📁 Tools Tipps ect.
        📁 Wichtig
        📁 Xing
    📁 Ziele
    📁 Ziele wichtig
📁 Entwürfe
📁 Gesendete Objekte
▷ 🗑 Gelöschte Objekte
📁 Junk-E-Mail
📁 Postausgang
📁 RSS-Feeds
▷ 📁 Suchordner
```

结构划分太过精细的收件箱

■ **解决方案**

　　重新设置与工作相匹配的分类文件夹层级，只要几个

文件夹就足够了。 可以参考以下几条建议：

☞ "已处理邮件"文件夹：所有已经处理过的邮件收录于此。如果日后工作中需要这些邮件，可以通过查找功能轻松查阅。

☞ "待处理邮件"文件夹：在这个文件层级之下将邮件标记为待处理状态，当任务内容进一步完善后，再对邮件进行处理。点击这个文件夹即可显示，哪些邮件仍处于待处理状态。如果情况允许，你应该就邮件内容进行追问。如果完成了工作，即可把相关邮件转移到"已处理邮件"文件夹。值得注意的是：这个文件夹中的信息不应当是一潭死水，只有里面的信息不断流动更新，设置这个文件夹才有意义。

☞ "临时邮件"文件夹，例如专为"专题讨论会"设置的临时邮件文件夹：所有与专题讨论会相关的邮件存储于此。会议结束后，你可以将这个临时文件夹整个移入"已处理邮件"文件夹。

■ 附加建议

你本想按照自己的意愿排列文件夹顺序，但是文件夹却按照首字母自动排序，该如何处理？你可以对文件夹进行标号，如下所示：

☞ 01已处理邮件

☞ 02待处理邮件

☞ 03"井井有条的办公桌"专题讨论会——www.workshop365.de

■ **关键技巧**

宁可少一个文件夹,也绝不多设置一个无用的文件夹。你应当经常对文件分类层级进行检查,是不是所有的文件夹都用得上。如果没用的话,就直接将这个文件夹拖入"已处理邮件"中。

■ **这样做的好处**

你无须浪费时间思考,一封已被处理过的邮件需要置于哪个文件夹之下。查找过时的邮件也能更加迅速。这一点也已经通过一项调查研究得到了证实。

1.6 处理邮件不仅仅是查看邮件

如果仅查看邮件而不对它进行处理的话,那么它就始终停留在收件箱中。这样做的后果就是:收件箱被堵塞了。以后再看到这些已查看过而未处理的邮件就会产生很大的压力。

在我们提供改善办公效率咨询服务的时候,有很多员工对我们说，他们一整天都花费在"处理"邮件上了。如果他们在公司的信息通讯部工作的话，这当然可以理解。但是在其他情况下出现这种现象的原因在于，高效的邮件处理方法并没有为大家所掌握。对邮件进行处理，是始终保持收件箱井然有序的策略。

■ 解决方案

处理邮件不仅仅是查看邮件，你还应该进行以下五步操作：

1. 删除

对你来说不重要的邮件应当立即删除。

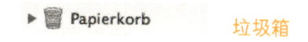

▶ 🗑 Papierkorb   垃圾箱

2. 转发

有待别人处理的邮件，应当直接进行转发操作。

Ausgewählte E-Mails weiterleiten   转发所选邮件

3. 存储

一封仅具有通知功能的邮件，你可以将其存储并直接置于"已处理邮件"文件夹。

4. 处理

如果你能在5分钟内处理好邮件中隐含的工作任务，那么就立即行动。这条建议也被称为"5分钟规则"。使用这个方法可以简化待办事项列表，避免浪费时间。为什么是5分钟规则呢？因为将邮件内容转换成待办事项和直接思考究竟做什么投入的时间一样多。所以只有当确实必要的时候，才会编制一个新的待办任务，而不是直接下手。当然究竟将这个时间设置为5分钟还是2分钟完全取决于你自己。请你亲自尝试并为自己设置一个合理的时间期限。

5. 列入日程

有些邮件并不能立即得到处理，或者你处理这类邮件需要花费5分钟以上，以完成邮件所涉及的任务。那么就给邮件设置一个处理期限，将这个期限（固定的时间节点，例如"4月30日，9点"）编入你的日历，如果可能的话，再为这个时间节点设置一个链接，使得点击日期即可显示相应的邮件。

有时邮件涉及的任务并没有相应的时间期限，或者有一个截止日期，但在截止前你可以自由选择完成任务的时间，那么你就可以将这项任务列入待办事项列表中。你可以在本书第7章了解有关期限与任务的实用技巧。

只需通过这五步，你就可以完成邮件处理，不会落下任何一封邮件，从此收件箱又变得井然有序。这些步骤非常有效！

依据这个方案，你处理每封邮件平均只需要1分钟时间——了解操作时间对于你合理安排工作很有帮助。这样一来你就可以毫不费力地在半小时内处理多达30封邮件——亲自试试吧。

■ 关键技巧 1

不要查看一封邮件却不做任何处理，就仍把它留在收件箱中，而直接跳转到下一封。 你应该每打开一封邮件就立即决定，需要做什么，然后开始着手。这是成功运用这个方案的要领。将一封打开而未做处理的邮件仍保留在收件箱，而直接跳转至下一封邮件，就好比你打开了一封信，读过之后又将它塞回了邮筒。久而久之，邮箱的情况会变得越来越糟糕。

■ 这样做的好处

当你熟练掌握了处理邮件的技巧，将会受益匪浅：

☞ 能更有效率地处理新接收到的邮件。

☞ 不会担心遗漏了什么重要的事情，所有重要时间节点都标注在你的日历上，所有工作任务都列入了你的待办事项列表中。

☞ 可以专注完成你的工作任务，不会不断因为新的邮件以及随之而来的新信息、新任务而分散注意力。

☞ 每天工作结束后，虽然你不一定能将今天接到的所有任务全部完成，但是你至少可以保证收件箱内井然有序，这会带给你舒畅的心情。

☞ 新的一天开始后，当你再打开你的邮件窗口，不会因为堆积如山的过时信息而劳神费心。

空的收件箱

■ 关键技巧 2

为处理邮件规划整段的时间，这对于提高处理效率很有帮助。这样一来你就不会因为邮件处理而影响到自己的其他工作。你最好根据每日的工作流程来合理安排处理邮件的时间，例如你可以在午休前规划一段时间、在下班前规划一段时间，来专门处理邮件。对于你自己来说，一方面你不用总是为了单独处理每一封邮件而花费时间和精力，另一方面邮件回复也变得更加简明却不失精确，相信你的同事也会因此感谢你。

为处理邮件设置整段时间，最长不应超过30分钟，这已被证实是最有效率的规划。如果你还需要规划其他的处理时间,那么你可以在吃早饭前或者喝下午茶前规划半个小时处理邮件。相信你已经掌握了规划的技巧。

在规划时间内,你并没有处理完所有的邮件,这也不要紧。尽可能在这个时间段内完成你能做到的事情即可,重要的是被打开查看的邮件切切实实被"处理"了。

■ 附加建议

处理邮件就像学习驾驶汽车。新手刚上路时,坐在车里需要注意很多操作,而与此同时他们必须直视前方,这时他们一定会感到困惑并不断自问:"我到底该怎么做?"但是要相信熟能生巧,当他们逐渐掌握技巧,成为经验丰富的司机的时候,一切操作都会变得娴熟自如。有些人甚至还能在开车的时候打电话呢,当然这一点不值得提倡。

诚如学习驾驶,**学习处理邮件的关键也在于不断练习,多给自己点耐心**。开始时处理得不好就多尝试几次,不久之后就会发现,你在处理邮件时也可以娴熟自如!

1.7 提高邮件回复速度

很多人会逐字逐句地回复邮件,这是非常低效的方式。如何使回复邮件变得更加简便、提高邮件回复速度呢?

■ 解决方案

有四种技巧可以帮你提高邮件回复速度：

1. 语言精练

很多情况下，回复邮件只需要几句精炼的语句。

2. 使用快捷键

你可以使用快捷键实现应用程序的重要功能，既简便又迅速。快捷键操作同样适用于各类邮箱程序。这样一来，你无须每次通过鼠标点击下达指令，输入的过程明显会变得更加流畅。

下面是一些常用的快捷键：

—拷贝所选内容（例如复杂的名字等）：Ctrl+C

—粘贴所复制内容（例如将复制好的复杂名字插入文中你需要的位置）：Ctrl+V

—剪切所选内容（例如你想删除刚输入好的语句并将其插入文中的其他位置）：Ctrl+X

—撤销（例如撤销剪切操作，使所输入的语句恢复到原来的位置）：Ctrl+Z

—全选：Ctrl+A

—打印文档：Ctrl+P

注意：在某些键盘上Ctrl键也称作STRG键。

3. 使用邮箱程序自带功能，例如微软Outlook中的"快速步骤"功能

当你在使用微软Outlook 2010或者更高版本办公时，希望重复相同的办公步骤，使用Outlook中的"快速步骤"（Quicksteps）功能可以帮助你节省很多时间。例如，通过"快速步骤"你可以一键完成以下操作：使用格式文本回复邮件，将该邮件转存到某个下级文件夹，根据该邮件设置一项三天后的任务提醒。

Outlook
快速步骤

4. 使用文本自动联想功能

计算机可以在你输入的过程中自动联想输入的内容。你只需每次输入简化的词根即可。例如使用拼音输入法输入"尊敬的女士们先生们"，你不需要输入"zunjingdenvshimenxianshengmen"，你只需要输入"zjdnsmxsm"即可。你不仅在输入常用的词组时可以使用文本自动联想功能，在输入重复多次使用的名词时，输入法也会自动联想。只需输入简化的词根，计算机会自动将语句补充完整。这项基本功能均是操作系统自带的。若想使用更多便捷功能，你可使用相应的应用程序。

■ **这样做的好处**

写邮件更加节省时间。

■ **关键技巧**

在平常办公过程中，注意观察这些技巧适用于哪些情况。你将会发现更多可以使用这些技巧的地方。

1.8　高效处理邮件的其他技巧

以下是在编辑或处理邮件时其他可以帮助你提高效率的建议：

☞ 收到新邮件时，首先考虑是否有回复的必要。如果没有，就立即删除或者将邮件保存。

☞ 掌握邮件往来的节奏：如果你一贯立即回复邮件，那么在工作当日你就可能收到并回复，这当然很有意义。但是很多情况下，在工作结束后或隔天早上回复邮件就够了。这样你还可以自我掌控邮件往来的节奏。

☞ 写邮件时，主题应简明扼要地概括出邮件内容。例如：请求推迟6月21日的会议，5月23日请求借用电子设备。如此一来，你也会更快收到答复。

☞ 回复邮件一般只发送给特定需要的收件人。如果需要的话，答复发件人及此邮件其他全部收件人。

☞ 写邮件尽可能简短，且每封邮件最好只包含一个主题，这样你就能尽快收到回复。**写五封简短且主题明确的邮件，要好过写一封包含很多信息和任务的冗长的邮件。**

☞ 有时我们会通过邮件收到莫名其妙的内容、笑话和其他不知所云的玩意儿。请不要将这种内容转发给其他人，即便是自己的朋友。

☞ 写邮件善用分段和副标题，方便收件人迅速查阅。给邮件中所列举的事项添加项目符号或者进行编号，方便对方阅读。

☞ 现如今虽然很多人在写邮件时会简化问候语，但是在写官方邮件时，请你仍然使用正式的称呼及问候语。这虽然显得十分老套，但却非常礼貌。你的合作伙伴也会因此更加重视和你的邮件往来。

☞ 写邮件也要重视语言和语法。语法规范的邮件读起来流利顺畅，同时也显示了发件人对收件人的重视。

☞ 为了防止计算机感染病毒，请直接删除可疑陌生人的邮件，切忌打开其发送的附件。

☞ 如果你订阅了大量的邮件新闻或者注册了很多网络账户，你可以注册第二个邮箱。使用第二个邮箱就可以保护你的工作邮箱免受大量广告邮件、垃圾邮件的影响。

☞ 如果你要出差或度假，请将你的工作职责委托给他人，确保有人照管你的邮箱，能为你处理紧急事务，对邮件进行初步分类。如果他不能完成这么多工作，至少请他与发件人保持联络，商议后续进程。度假期间，你可以设置临时邮件目录，以方便了解掌握事务全局。

☞ 签名/电子名片功能不仅适用于你的个人信息，例如姓名、工作部门、地址、联系方式，你还可以使用这个功能对公司新产品进行简短的软性推广。

1.9 为工作团队制定邮件收发规则

在很多工作团队甚至企业中没有统一的邮件收发规则。邮件得不到及时回复就会造成员工沟通不畅，进而导致工作压力和冲突。

■ 解决方案

如何为工作团队制定邮件收发规则：

☞ 从邮件往来的需求着手，或从常见的问题出发，找出引起困惑的问题所在。

☞ 制定回复重要邮件的期限：收件人可以预估多久收到回复。

☞ 从之前的章节以及下面的案例中找寻适合你的团队

的建议。

☞ 将制定的邮件收发规则书面化。

■ 关键技巧

在我们提供咨询服务的过程中已经得到证实，下面几点建议的确行之有效。

☞ 邮件收发规则应该由团队成员共同制定。每个成员都有否决的权利。这样大家才能达成普遍的共识，规则才能得到遵守。

☞ 邮件收发规则不要太过复杂，一页就足够了。

☞ 不要将标准定得过于苛刻，重要的是规则得到有效遵守。后期可根据实际需要进行调整。

☞ 也请记得将邮件收发规则告知新同事和实习生。

Tempus 公司的邮件收发规则

邮件在我们的工作生活中扮演着越来越重要的角色。为了提高处理邮件的效率，我们达成了以下邮件收发规则：

☞ 包含待办事项和时间期限的邮件必须直接发送给收件人。转发或者私密发送的邮件只具有通知功能。

☞ 最重要的是邮件须有明确的主题及事由。

邮件的内容主题是什么？涉及哪个工程项目？注明邮件主题及事由，方便短期调取邮件、长期检索邮件。

例如：周五上午 8 点至下午 4 点借用电子设备请求

再如：2014 年 4 月 XY 公司客户访问，举行为期三日的

室内课程

☞ 如果邮件很短，可以只填写邮件主题，省去正文内容，但须使用 EOM（End of Message，消息结束）或者 /// 符号对此类邮件进行标记。

例如：2014.9.16 上午 10:00—12:00 的会议通知收悉。祝好，XXX。EOM

☞ 客户或同事提问的邮件须在两日之内回复处理。如若不能回复，需要告知详情。

☞ 取消接收邮件的声音提醒和图标提醒，以减少工作干扰。

☞ 由于邮件的时效性较差，所以如果可能的话，拨打电话进行沟通。这样也可以让我们专注于重要的工作。

☞ 邮件不一定是最有效的沟通方式。例如工作中产生的矛盾不宜通过邮件沟通解决。

☞ 邮件应当发送给有需要的收信人，因为邮件内容并不是对所有人都重要。因此发送邮件选择收信人时，请评估一下收件人阅读邮件的时间成本。

☞ 考虑附件的容量大小，查看是否有可替换的可能：

—针对附件为问卷调查的邮件，最有效的替换方式是简明概括调查内容并在邮件中粘贴调查问卷的超链接。

—针对附件为公司内部文件的邮件，直接在邮件中粘贴文件的超链接即可。

—其他附件，可先将其压缩再添加到附件，从而减少其容量大小。

☞ 工作缺席状态时，可以通过以下三种途径解决邮件处理问题：

—将邮件转发给相关负责人。

—将邮件抄送给相关负责人，请他代为查阅。

—外部调取邮件并对其进行处理。

但是公司不允许员工直接回复、告知客户工作缺席状态，因为客户利益至上，不能给客户咨询造成麻烦。

☞ 客户相关邮件应当存储于 ACT（American College Test）学术咨询文件服务器中。项目相关邮件应当通过纸质形式存储，并在服务器中进行备份。

☞ 包含性别歧视或其他低级内容的邮件应当立即删除并禁止转发。

☞ 处理邮件的技巧提示：

基本原则：处理邮件不仅仅是查看邮件！

收到邮件后思考下一步应当怎么做：

—删除？

—查阅并回复？（如果能在 5 分钟内处理好邮件中隐含的工作任务，那么就立即行动。）

—设置期限

—转发／委托？

—保存

重点在于：不要对邮件置之不理。

如有问题请联系：约根・库尔茨（07332/950-122）或马塞尔・米勒（07332/950-384）

1.10 使用文件收纳盒

员工每天不仅会收到很多电子邮件，还会收到很多纸质文件。纸质文件也会给工作带来潜在的麻烦。

■ 解决方案

使用文件收纳盒对纸质材料进行整理，并在文件收纳盒上写上你的姓名，如果可能的话再写上你的工作部门及职务，这样可以方便新同事以及实习生将纸质文件投递给你。姓名牌的背面可以用另外的颜色进行标注，当你外出时以用来告知他人你外出的情况。

■ 关键技巧

整理纸质文件可以采取和整理邮件收件箱一样的技巧。取出纸质文件然后决定：是否将它丢弃还是移交给他人，将其保存、处理还是为文件中所涉及的内容设置处理期限。

■ 这样做的好处

☞ 文件收纳盒方便你进行文件整理，成为其他同事线下给你传递文件的一种途径。

☞ 你的办公桌不会因为大量的纸质文件而变得凌乱不堪，从而影响到你的正常工作。

☞ 通过收纳盒中的文件数量，你能对自己的工作量有合理的预估，从而规划工作时间。

☞ 如果你和同事明确了文件回复的时间期限，那么你可以根据这个期限定期处理收纳盒中的文件。你因此可以自如掌控处理纸质文件的周期。

1.11 提高效率目标达成

你可以根据自己的需要使用处理邮件的技巧。与此同时，如果你和同事一同优化邮件的使用策略提高效率的话，这些建议将发挥更大的作用！

此外，不要把计划做得太大。重要的是，切莫守株待兔。行胜于言，要真正运用这些方法来提高办公效率。

■ 自测

是否尽可能用一条渠道进行线上沟通？	□是	□否
是否已经关闭收邮件的声音和图标提醒？	□是	□否
是否已经隐藏不重要的邮件提醒信息，例如信头完整信息、邮件大小、邮件优先级等？	□是	□否
是否成功设置你的邮箱收取那些你真正需要的邮件？	□是	□否
是否使用了单独的待办事项清单？	□是	□否

极简工作 II
——打败拖延和焦虑，从整理电脑开始

是否重新设置了与工作相匹配的邮件分类文件夹层级？

□是　　□否

是否习惯通过"五步法"对新收取的邮件进行处理，而不是仅仅查看新邮件？　　□是　　□否

是否为处理邮件规划了整段的时间？　　□是　　□否

是否掌握了通过快捷操作提高自己回复邮件的速度？

□是　　□否

是否遵守了团队的邮件收发规则，使邮件收发更加轻松便捷？

□是　　□否

是否为纸质文件的收发专门设置了收纳盒？　　□是　　□否

第2章

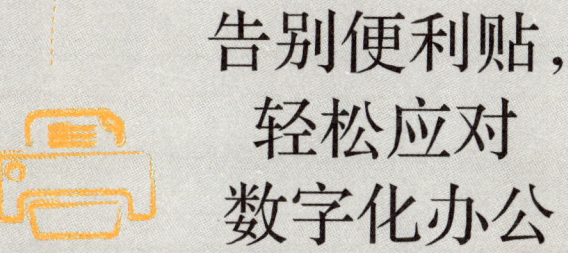

告别便利贴，轻松应对数字化办公

平时被人遗忘的事情，

会出现在梦里大声呼救！

——埃利亚斯·卡内蒂

如何使重要的信息始终触手可及，是我们日常生活中经常遇到的问题：

☞ 与项目相关的文件数据存储在哪个文件夹里了呢？

☞ 什么时候联系客户X最好呢？他不久前才告诉我方便的时间的呀！

☞ 登录网站的密码是什么呢？

☞ 我怎么查询最新版的公司通讯录来着？

虽然现如今计算机、平板电脑、智能手机可以存储大量数据和信息，但是重点是，如何使重要的信息始终触手可及，特别是当你急需它们的时候。解决这一问题的关键不在于信息技术，而在于如何有效使用电子设备。

我们应当遵循务求不断改善的原则：所有事物都各安其位、各得其所！

很多人都低估了自己打理事务条理清晰的潜能。我与莱比锡应用技术大学合作完成的工作效率调查研究显示：在日常工作中，出于查找信息的原因，人们浪费了13%的工作时间。而这种时间浪费是完全可以避免的。在接下来的一章中，你将会了解如何遵循务求不断改善的原则来提高效率，并学习在我们咨询服务过程中证实有效的各类实用技巧。

2.1 为文件标注存储路径

如果你不知道传真、信件或者其他文件存储于电脑的什么位置，那么当你需要使用它并希望快速找到文件位置时，就会十分困难。

■ **解决方案**

打印文件时，在页脚处打印文件名及存储路径。

Inhalt für Mitarbeiter

1. Inhaltsverzeichnis
2. Herzlich willkommen – Geschäftsleitung tempus-Wertekärtchen
3. Zugangsdaten
4. Newsletter etc. Jahresterminplan
5. Terminplan Mitarbeiterabende
6. Telefonliste
7. Zuständigkeiten
8. Entsorgung von Altpapier/Kartonagen
9. Bedienungsanleitung für Telefon
10. Verhaltensregeln am Telefon
11. Gliederung des X-Laufwerks
12. Betriebliche Fahrten
13. Intranet-Eintragung

X:\Allgemein\Personal\Neue Mitarbeiter\Infomappe\Inhaltsverzeichnis für Infomappe Mitarbeiter.doc

16. Zeitkorrekturzettel
17. Leitfaden Lektorat
18. Fragebogen
19. Steckbrief für die Klappe
20. Mitarbeiterbroschüre

"员工手册"，框内为页脚处打印的文件名及存储路径

我们可以拿公司内部讲习课来做个示例。我们会使用透明内页文件夹整理文件，这些文件内容包含了所有的重要信息，通过查询这个文件夹，相关信息也就变得触手可得。很多内部讲习课的员工在课程结束之后会给我们拨打电话，在征得同意的情况下，我们的秘书只需查阅相关文件，并根据文件脚注告知他们文件存储路径，学员就可以

自行通过局域网下载相关文件。虽然也许通话的两方都不清楚他们谈论的文件具体内容是什么，但是通过这种方式，信息沟通与传递却变得高效快捷。

■ **替代方案**

在有些情况下，这条建议并不适用，例如在与客户的文件往来时，给这些对外发布的文件加注存储路径，风险是很大的，可能造成公司机密的泄露。所以这条建议仅适用于公司内部文件。

■ **这样做的好处**

不必浪费时间查找信息，给文件加注存储路径后，你可以随时在硬盘中找到原始文件。通过这种方式，就算你的代理人不熟悉你存储文件的习惯，也可以在你的电脑中轻而易举地找到重要文件。

■ **关键技巧**

使用文件模板，并设置自动加注存储路径为脚注。如此一来，在编辑新文档时即无须重复操作。

2.2　善用电子通讯簿记录信息

很多人不了解如何高效地收集和整理信息，喜欢将重要的短消息记录在便利贴上，粘贴在电脑显示器边缘或者办公桌写字垫板下，导致便利贴堆积如山、信息分散，在关键时刻又不能触手可得。

到处都是便利贴

■ **解决方案**

将原先记录在便利贴上的信息保存在电子通讯簿中。除了日常联系人的基本信息外，在电子通讯簿中还可以记录很多其他有关联系人的信息。例如：给联系人备注"8点到10点方便联系"。再如：记录与联系人特别达成的供货条件"为我方免费存储至少2 000件货物6个月时间"。

与顾客、供货商、税务顾问、律师预约时间等信息也可以记录在电子通讯簿中。就算是和联系人无关的信息，比如网站账户和密码等信息，也可以保存在电子通讯簿中。

在你需要这些信息的时候，只需通过全文查找就可以进行查阅。

使用电子通讯簿创建新联系人

■ 这样做的好处

善用电子通讯簿记录信息有以下优点：

☞ 你可以告别成堆的便利贴。

☞ 信息存储的位置十分清楚，方便查阅。

☞ 通过电子检索查找功能，搜索信息既方便又快捷。

☞ 信息安全度得以提升。未经授权的人原先可以自由窥探你记录在便利贴上的信息，而现在，如果你给计算机设置了登录密码，这种情况便再也不会发生了。

■ 附加建议

在手机、笔记本电脑、平板电脑以及其他电子设备上同步你的电子通讯簿。并且一旦你开启同步设置，数据将会自动同步。这样一来，你便可以随时获取你所需要的信息。

■ **关键技巧**

要养成收到新信息及时将它记录在电子通讯簿中的习惯。记录只需要一分钟即可完成，但受益是长久的。

2.3　设置账户密码的技巧

很多网站在登录时需要注册账户并设置密码。每次都设置相同的密码风险是很大的：一旦你的账户和密码泄露，不法分子就会尝试使用相同的信息登录其他网站。由于你为不同的账户设置了同一个密码，他们也常常因此而得手。所以同一个密码最好不要使用两次，特别是针对非常重要的注册账户。但是这样一来，记忆密码又会给很多人造成新的困扰。

■ **解决方案**

用字母、数字及特殊符号设置一个基本密码，再根据不同的网站进行微调。当你在设置一个网站的登录密码时，将该网站网址"www"后面的首两位字母连缀在你的基本密码之后形成新的密码。

例如：你的基本密码是"MMy2m!"，你要登录的网站网址是www.beispiel.de，那么你为该网站单独设置的密码就是"MMy2m!be"。

■ 这样做的好处

你只需要记住你设置的基本密码，由于经常使用，你一定也不会忘记它。

■ 关键技巧

☞ 你需要记住你的基本密码。记忆时可以使用口诀帮助记忆，例如在记忆"MMy2m!"时你可以联想口诀"妈妈有两只猫"（拼音为"ma ma you liang zhi mao"）。联想一句与你的生活相关的口诀，并根据这个口诀中涉及的字母、数字、符号等来设置你的密码。

☞ 另外依据基本密码单独设置的密码应当遵循统一的规律，不要将新密码的组成部分时而前置时而后置，从而造成混乱。

☞ 如果你注册账户时使用的不是你的邮箱，那么你可以将新的账户名以及该网站网址一同记录在电子通讯簿中。

■ 替代方案

目前有很多密码软件可以帮助你管理账户及密码。

这类程序可以生成安全性很高的密码，你可以将它们进行存储，并且软件在你需要时可以自动填充账户和密码。

密码软件

日常使用密码软件非常方便：

☞ 软件的自动填充功能会自动填充你的账户名及相应的密码信息。

☞ 因此在登录网站时无须人工输入账户及密码，登录过程更加快捷。

☞ 登录信息还可以通过自动同步功能同步到你使用的其他电子设备上，这样一来，你既可以在计算机上也可以在平板电脑上登录相同的网站。

但是密码软件也有一些缺点：

☞ 这类应用程序通常要付费使用。

☞ 为了使用此类软件，你总归也得记住登录它的密码才行。

2.4 维护公共数据秩序

在公司或企业中,有很多数据、文件是同事间共享的,例如公司内部通讯录、产品价目表、产品展示演讲文稿等,这些信息对大家都很重要。但有些时候,这些文件的最新版本存储于何处却并不明确。如果在不同的计算机上又同时存储了多个版本,那么员工就会感到更加困惑、不知所措。

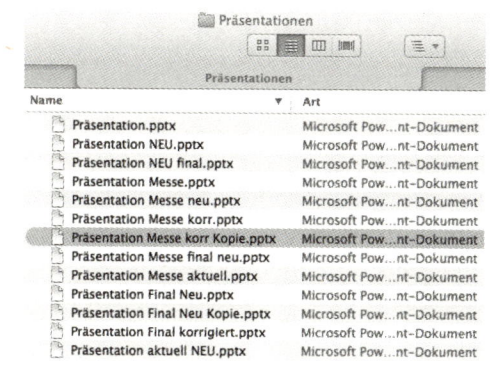

同一个文件存储了多个版本

■ 解决方案

在企业内部统一文件版本,确保每份文件只有一个最新版本。再为文件的最新版本创建相应快捷方式(在苹果操作系统中,快捷方式文件格式为"Alias")。

文本文件及其快捷方式

查找文件时，你只需使用快捷方式即可，点击文件的快捷方式，即可打开相应的原始文件。

为文件创设的快捷方式可以任意存储于局域网中的各台计算机设备，因为无论快捷方式的数量有多少，位置在何处，其均指向同一个最新版本的文件。

你可以将对你个人来说重要的快捷方式统一存储于一个文件夹内，并将其命名为"重要的信息"。通过给文件名添加编号，你还可以按照重要性和使用频率对文件进行排序。

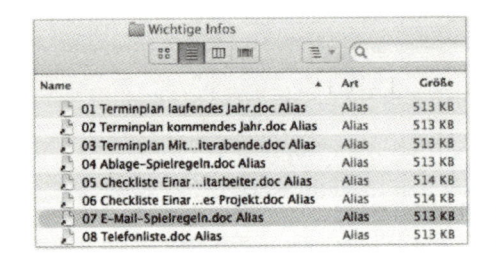

将重要的快捷方式统一存储于一个文件夹内

你还能根据这种电子版本的文件制作纸质文件集。

■ 这样做的好处

获取文件的时间明显缩短，查找文件的速度更加迅速。

■ 关键技巧

☞ 应当确保每份文件均有相应的负责人对其进行维护

和版本更新。

☞ 你应当确保所收录的快捷方式对你来说均是非常重要的，否则你的文件夹内将堆积大量的无用文件，文件的有效使用率也会大大下降。

☞ 如果你发现文件夹内的快捷方式对你不再重要，将其立即删除或者将其存入下级文件夹进行保存。

■ 替代方案

根据我们的咨询服务经验，在某些情况下员工在公司外部获取内部重要文件也十分必要，例如当员工在家、出差仍需工作时，或者外出面见客户时。

在这些情况下，你可以使用云存储技术解决这个问题。文件和数据会存储在数据提供者的云端账户里，只要获得权限，你就可以从其账户里下载这些文件。目前有很多应用软件提供云存储服务，例如微软SkyDrive、Evernote（印象笔记）、Dropbox等等。

下面这张桌面截图向你展示了，如何使用微软OneNote一键式笔记管理平台来收集整理信息数据。通过将文件同步到OneDrive，即可与同事分享你的文件。另外在使用这个软件整理文件时，区分职务相关、部门相关以及企业相关的内容是很有意义的：对职务相关、部门相关的内容作相应的分类。对于同事希望在不同的地点随时通过OneNote获取的企业文件，你也可以进行相应的分类。

微软OneNote软件

■ 这样做的好处

☞ 你无须每次都通过你的工作电脑获取所需的文件。

☞ 通过不同的设备平台你可以随时完成数据获取。

☞ 当你有修改文件的权限时，你可以随时对数据进行修改更新。

☞ 数据将会自动同步到云端存储平台，需要该数据的人随时都可以下载最新版本。

☞ 云端存储可以收集大量不同格式的文件：文本文件、图片文件、音频文件、视频文件等等。

☞ 信息不再零散混乱，你可以对数据概览全局。

① 笔记本
② 分区
③ 页

OneNote
操作界面

当然，使用这些软件也有一些缺点：

☞ 这些应用软件并不适配所有的操作系统。（使用软件时，请你检查软件和你的设备系统是否适配。）

☞ 某些应用程序及程序功能需要付费使用。

☞ 当你在云端存储新的文件时，如果你操作不仔细，可能会打乱原先的文件体系。建议：你可以使用编号的方法解决这个问题。

■ 关键技巧

无论你使用哪种应用软件——微软SkyDrive、Evernote（印象笔记）、Dropbox或者其他软件，都是可行的。但更为重要的是，将务求不断改善的原则转化为实际行动，并为自己的工作团队找到合适的行动方案，使得所有事物都各安其位、各得其所！

2.5 使用透明内页的文件夹收集整理文件

有些文件不应存储为电子版本,只能使用纸质版本。

■ **解决方案**

使用透明内页的文件夹收集整理这类文件非常便利。当你需要的时候,随时翻看文件夹即可。

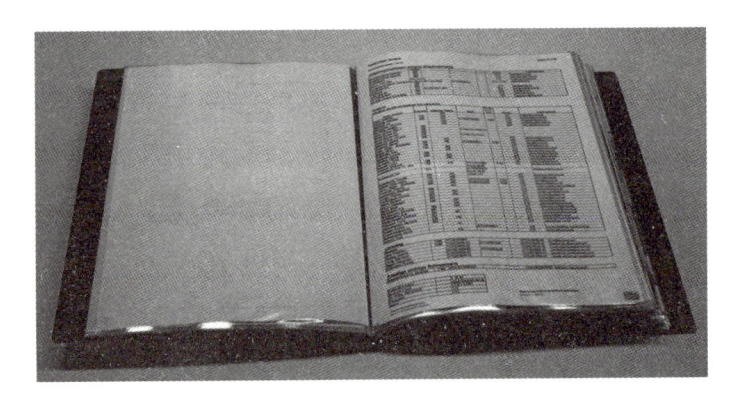

■ **这样做的好处**

当你需要这类文件时,无须运行电脑,只需携带这个文件夹随时翻阅即可。另外,你也不会因为文件杂乱无章而倍感烦恼。

■ **关键技巧**

☞ 你可以使用贴纸为文件夹内的文件编写页码。

编写页码

☞ 在文件夹开篇的位置添加目录，方便你查找具体的文件。

2.6 提高效率目标达成

如今软件应用开发者开发出的应用程序日新月异，它们种类繁多、功能新颖，力求满足我们的日常生活需要。但是一味追求使用新程序解决问题，这种尝试是无穷无尽的，并且非常消耗时间。**其实很多情况下，最简单的方法就是最高效的**！另外使用方法解决问题，要注重结果的整体效果，这样更加节约时间和精力。而不是买椟还珠、取舍不当，为了追求新方法在细节上的优点，而抛弃原先整体效果更优的方案。

相信你已经在阅读本章内容的过程中了解并掌握了这些简单实用的方法，希望你可以亲自试试这些技巧，对于适合你的方法，就一如既往地使用之。如果你找到了更好的方法，能够提高你的工作效率、使你工作更加轻松，那么就尽情沿用之。**适合自己的才是最好的**！

■ 自测

打印文件前，是否通过文件模板在页脚处添加了文件名及存储路径？　　　　　　　　　　　　　　　　☐是　　☐否

是否已将原先记录在便利贴上的信息保存在你的电子通讯簿中，从而摆脱了便利贴成堆的困扰？　　☐是　　☐否

是否在手机、笔记本电脑、平板电脑以及其他电子设备上同步了你的电子通讯簿？　　　　　　　　☐是　　☐否

是否使用了与你的生活相关的口诀，来设置并帮助记忆你账户的基本密码？　　　　　　　　　　　☐是　　☐否

是否使用了密码管家等相关软件帮助你管理账户及密码，并启用了账户密码自动填充功能？　　　　☐是　　☐否

在维护公共数据秩序时，是否采用了为文件的最新版本创建快捷方式的小技巧，并将它们整合在一个文件夹内？

☐是　　☐否

在外出工作等情况下，需要从公司外部获取内部重要文件的问题，是否已通过云存储技术得以解决？　☐是　　☐否

是否使用了透明内页的文件夹收集整理纸质文件，并为其添加目录和编写页码？　　　　　　　　　☐是　　☐否

第3章

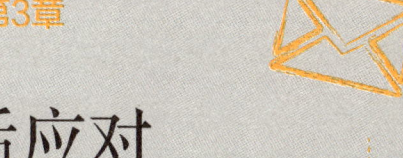

灵活应对
数据混乱

事情应当力求简单,
但是不能过于简单。

——爱因斯坦

随着信息技术的发展，计算机的数据存储量越来越大、存储成本微乎其微，但与此同时却带来了大量数据杂乱无章的问题。

这会给生活工作带来诸多不便：

☞ 同事刚刚通过邮件发给我的工程项目文件，我该存放在哪里呢？

☞ 就这份文件，既有电子版又有纸质版，究竟哪个才是更新的版本呢？难道单纯使用电子版文件还不够吗？

☞ 有些文件的确需要保存原先的版本，但是应当怎样存储，才能避免数据存储杂乱无章呢？

在我的咨询服务过程中遇到过很多员工对我说，他们能将个人计算机里的文件整理得整齐有序。有些人还向我们展示了他们如何快速查找出特定的文件，愿意主动提供个人的方法让我们进行试验推广。他们骄傲地引用爱因斯坦的名言"天才总能掌控混乱局面"来称赞自己。

他们确实做得不错。但是在企业合作中我们不是一个人，团队合作要求成员们齐心协力以实现共同目标。脱离团队"单飞"的后果是，在这些"天才"缺席工作的情况下就会出现很多问题：其他同事在代为查找他们存储的文件时，就会浪费很多时间，甚至整个团队都会为此付出代价。可能每个人都遇到过这种情况，因为某个同事缺班，大家找不到他负责的文件而变得不知所措。

因此我们在存储数据时的目标是：文件、资料、数据为团队全体成员所共知，即使文件不存储在个人计算机上、需要他人代劳查找，那么该文件在一分钟之内也能被找到。在本章中，你会了解到采用怎样的策略能完成这样的目标，使得整个工作团队获益。

3.1 重新构建有意义的数据存储体系

随着时间的推移、公司的发展，项目文件、数据材料等等会越来越多。当然每位员工都会尽心尽力地维护公司的文件数据，并按照自己认为的逻辑结构将它们存储在计算机中。但是一位员工认为的合理存储方式，在另外一位员工看来，可能是完全非逻辑的、无意义的。

举个例子：如果秘书想要在计算机中存储你所做的会议记录，以便所有员工都能方便查阅，这份会议记录是有关与穆勒先生、雷曼女士会谈的打印机采购事宜，请你仔细看一下下图的文件夹层级结构。

那么上述会议记录就至少有四个可能的存储位置：

☞ 前两种可能是：存储在会议相关参与者的文件夹内即"穆勒"文件夹或者"雷曼"文件夹。

☞ 第三种可能是：秘书可以在"项目"文件夹里新建"打印机采购"下级文件夹，并将文件存储于此。

第3章 灵活应对数据混乱

```
EDV Abteilung
    Admin
    Allgemein
    Becker
    Beraternetzwerk
    Betriebliche Vereinbarungen
    Betriebs-Wiki
    Consulting
    Dietrich
    Dokumentation-Strategietage
    EDV
    Externe Mitarbeiter
    Filme
    Fotos
    GL
    Hyperlinks
    Kettler
    Kunden
    Kundenumfragen
    Lehmann
    Lizenzen
    Müller
    My Library
    Newsletter
    Office Installationen
    Präsentationen
    Programme
    Projekte
    Schlenker
```

结构不合理的数据存储体系

☞ 第四种可能是：秘书可以在"电子数据处理"文件夹内新建"打印机""硬件设备"或者"计算机配件"下级文件夹，并将会议记录进行存储。

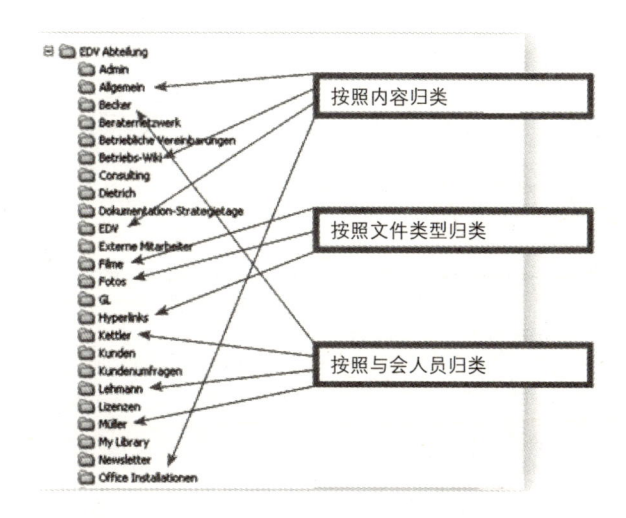

```
EDV Abteilung
    Admin
    Allgemein          ← 按照内容归类
    Becker
    Beraternetzwerk
    Betriebliche Vereinbarungen
    Betriebs-Wiki
    Consulting
    Dietrich
    Dokumentation-Strategietage
    EDV                ← 按照文件类型归类
    Externe Mitarbeiter
    Filme
    Fotos
    GL
    Hyperlinks
    Kettler
    Kunden             ← 按照与会人员归类
    Kundenumfragen
    Lehmann
    Lizenzen
    Müller
    My Library
    Newsletter
    Office Installationen
```

你瞧，在文件存储的过程中就够让人头疼了，正所谓"选择让人痛苦"，更别提查找文件时有多困难了。想要快速查找相关文件简直难上加难：假如上述会议记录存储在一位会议参与者的文件夹内，某位新同事又不清楚究竟是谁在负责这个采购项目，那么在没有帮助的情况下，他想快速找到这份文件并打印就非常困难了。

■ 解决方案

请仔细重新构建有意义的数据存储体系：重构过程中应特别注意公司内部的运作模式，据此有逻辑的数据存储体系便会自然呈现出来。

另外我的咨询服务证实：在构建数据存储体系的时候，使用"思维导图"的方法非常奏效。你可以使用纸和笔来拟画一幅思维导图。就我的个人经验而言：如果人们用纸和笔都不能完成的事情，用计算机设备也依然不能完成。

你可以这样做：首先联想最为关键的要点作为上位概念，基本统筹涵盖需要存储的文件类型。例如：

- ☞ 客户相关
- ☞ 供货商相关
- ☞ 合作伙伴
- ☞ 人事相关
- ☞ 企业战略

☞ 技术相关

☞ 营销相关

然后将上位概念进一步丰满、细致化，从而构建下一层级文件夹结构。

例如：

☞ 贸易客户

☞ 行业客户

再如：

☞ 运行项目

☞ 完成项目

根据你公司的运作模式制定相应的数据存储体系。

将最为核心的领域作为思维导图的中心，并以此出发不断完善该导图，使之精细化。

下面这幅插图是一张重构数据存储体系时绘制的思维导图，内容涵盖了可能的领域及概念，供你参考。你可以据此并视公司的实际情况绘制符合你需要的思维导图。

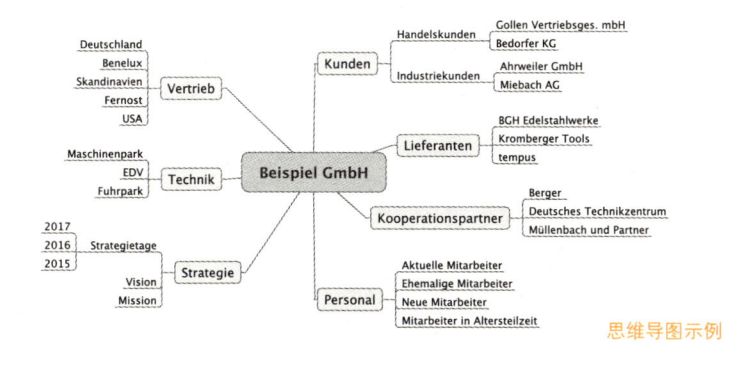

思维导图示例

■ 这样做的好处

如果公司数据存储体系清晰明了，那么员工就知道将文件存储于什么位置，与此同时，需要使用文件数据的同事也能独立快速找到相应的文件。

■ 关键技巧

如何设计数据存储体系并没有对错之分，重要的是它应当清晰明了，符合大家的使用需求，并且同事们均能遵守相应的规则存储和使用文件。这样设计的体系就是合理可行的。

■ 附加建议

大家应该能够轻松理解数据存储方式以及文件夹设置布局。你最好将文件存储规则制定出来以供员工了解和学习，实践证明这样做是非常有效的。

3.2 引入新的数据存储体系

为了引入新的数据存储体系，需要对旧的体系进行调整，对旧的数据信息进行清理。巨大的工作量可能会令很多人望而却步。

■ 解决方案

从明显的地方开始着手调整，然后循序渐进。

1. 查看旧的数据存储体系

仔细查看旧的数据存储体系（硬盘驱动器、文件夹层级设置等），并据此对你的思维导图进行调整、补充。在调整的同时，应当听取同事们的建议，每个人都有表达自己观点的机会。

```
Adresse  C:\
Ordner
  Desktop
  ⊞  Eigene Dateien
  ⊟  Arbeitsplatz
     ⊟      Lokaler Datenträger (C:)        ①
        ⊟  Dokumente und Einstellungen
           ⊞  Administrator
           ⊞  Administrator.TEMPUS
           ⊞  All Users
           ⊞  azubi
           ⊞  cindemann
           ⊞  Default User
           ⊞  kundenservicec
           ⊟  malber
              ⊞  .gimp-2.6
              ⊞  .thumbnails
              ⊞  Anwendungsdaten
              ⊞  Apwlication Data
              ⊞  Desktop
                 Druckumgebung
                 dwhelper
              ⊞  Eigene Dateien
                 Favoriten
              ⊞  Lokale Einstellungen
              ⊞  Netzwerkumgebung
                 SendTo
              ⊟  Startmenü
                 ⊞  Programme
                    System
                    Vorlagen
              ⊞  WINDOWS
              ⊞  Xobni
                 Zuletzt verwendete Dokumente
```

旧的数据存储体系

2. 布置新的数据存储体系

根据你补充完善的思维导图新建文件夹并布置新的数据存储体系。将新文件夹命名清晰，例如在文件夹名后加"_全新"的后缀，以便区别于旧的数据存储体系。

创建新的数据存储体系文件夹

在新设置的文件夹内布置新的数据存储体系，在布置时应当脱离对旧体系的依赖，另外此时还不必保存具体的文件内容。

布置新的数据存储体系

重要的是，在布置新的数据存储体系时，你应当同时编写一份Word版本文件存储规则。

文件存储规则

你应该和你的同事们一同探讨并共同制定存储管理文件数据的方案。

例如：在tempus公司我们每年都会举行"冷静日"公司活动，活动会拍摄很多照片。在哪里存储这些照片呢？至少有两种可能：

（1）在文件夹"冷静日"下新建"照片"文件夹并存储照片。

（2）在文件夹"照片"下设置"冷静日"文件夹并存储照片。

两种可能都是正确的，如果你和同事没有达成共识，那么一部分同事就会按照第一种可能对照片进行存储，而另一部分同事则会按照第二种可能存储照片，这样就会给信息存储带来麻烦。因此在制定存储管理文件数据的方案时，你就需要和你的同事们一同探讨，并一如既往将讨论的结果记录进公司的"文件存储规则"。

另外,当你在引入新的数据存储体系时,也可以直接新建多个下级文件夹,这样做的好处在于,在数据存储体系合理固定前,你可以按照需要自如调整这些下级文件夹的位置。借助这个实用的方法,你可以省去拟画思维导图的步骤。如果所存储的数据复杂程度较高,或者有必要根据需要进行调整,这个方法不失为一个好的替代方法。

建议:当你布置好新的数据存储体系时,新建一个"文件存储规则"文件夹并将其置顶于该文件夹,用来存储"文件存储规则"。这样当员工在存储文件数据遇到问题时就能方便地找到解决方法。

将数据存储规则置顶

3. 备份旧的数据存储体系

当你布置好新的数据存储体系时,下一步应当请公司信息技术部门帮助你备份旧的体系。这样做有利于员工适应使用新的结构；如果他们在适应的过程中找不到他们需要的文件时，仍可以通过原先的数据体系进行查找。

4. 转移有用数据

和同事约定一个明确的期限，在该期限内将有用的数据文稿从旧的存储体系中转存到新的存储体系中。个人建议，将这个期限设置得越短越好（例如四个工作日的时间）。为了分担工作压力，可以将转移数据的任务分担给同事们，大家一起完成。

建议：在转移数据的过程中，别为检查文件内容浪费时间过多。曾经有一位工厂领导告诉我，他在转移数据的过程中有6 500份旧文件需要检查。这家企业是破产收购而来的，所以这些文件中可能确实包含了很多有价值的内容。但是我告诉他，当你花费时间检查旧数据内容的同时，现实情况可能瞬息万变，你可能会因此失去更多。这时他才恍然大悟，不再纠结于旧数据的具体内容，转而只对它们进行粗略的检查。

数据转移完成后，部门的全体成员应当再碰一次头，看看是否还存在问题：

☞ 日常工作中，新的数据存储体系是否经得起检验？

☞ 新的数据存储体系是否还存在不清楚的地方？

大家达成共识后，再对文件存储体系略作调整。另外，对数据存储不断进行更新也是很重要的。如果大家意见一致、所有的问题都得以解决，那么从现在开始使用这套全新的数据存储体系进行工作吧！

5. 删除旧的数据存储体系

新的数据存储体系一旦完全投入使用，便可删除旧的一套体系了。在重建数据存储体系时，为了区别于旧的数据存储体系而命名的文件夹名，也可以做相应的修改，即删除文件名中"_全新"的后缀。

一眼看懂如何五步引入新数据存储体系：

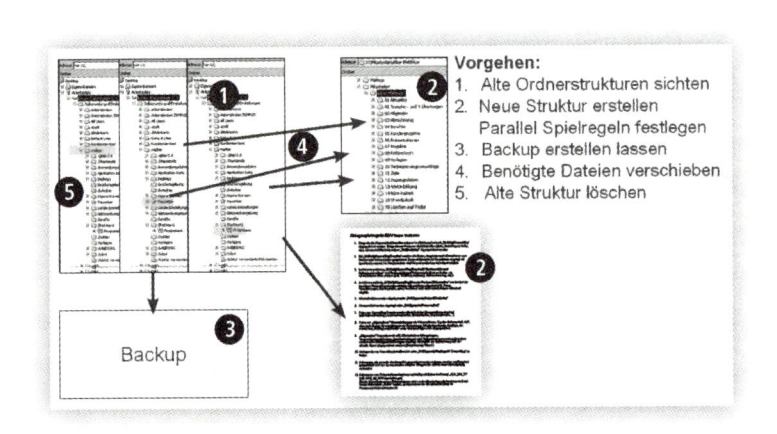

■ 关键技巧

在数据转移的过程中,不要在旧的数据存储体系里存储新的文件。

■ 这样做的好处

☞ 数据的转移也是一次数据筛选和更新的过程,只有真正有用的数据和文稿才得以继续保留。

☞ 新的数据体系规划合理、便于理解,即便是新同事也能一目了然方便操作。

☞ 如果文件数据有遗漏的部分也无须担心,因为你已备份旧的数据存储体系。

3.3 工作时适用数字编号

电子数据和纸质数据存放未遵循科学的统计分类学标准是工作中常见的问题,例如在客户订单和订单项目之间,未遵循科学的统计分类学标准,导致两者分离,加重工作负担。

■ 解决方案

组合使用客户编号和项目编号。数字编号的前区显示顾客信息，后区显示订单项目信息。

例如，你有999个客户以及999个项目，并且每位客户都有相应的订单。那么你就可以设置六位的数字编号来实现客户订单和订单项目的分类统一。例如数字编号023.003（在编号中加点区分客户编号和项目编号）就表示这份文件是第23位顾客的3号订单项目文件。

电子文件的编号

编写数字编号的方法，既适用于电子数据的命名和存储，又适用于纸质文件的归档。

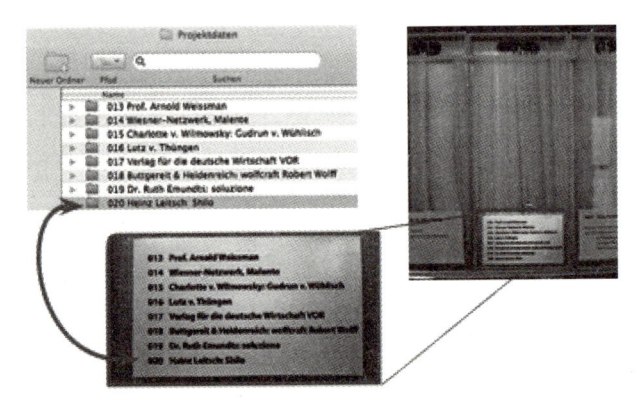

纸质文件的编号

3.4 依照统一格式为文件数据命名

在工作中文件名不清楚的问题会经常出现。

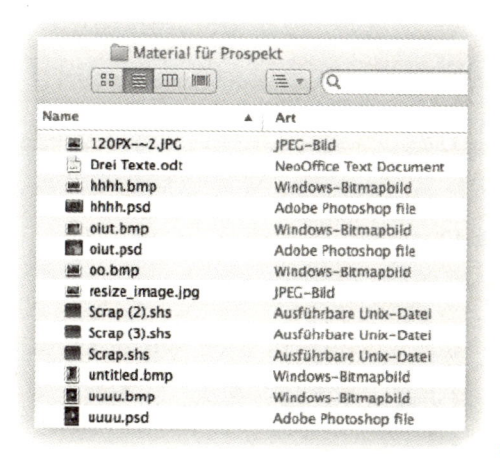

命名不清

■ 解决方案

下面这些针对文件命名的建议经证明十分有效：

☞ 文件名应与文件内容相符，例如用"斯坦纳_伊达_肖像画.bpm"给文件命名，而不要使用"hhhh.bmp"这样不知所指的文件名。

☞ 有些时候一份文件有多个版本，不仅使用最新版本的文件很重要，索引这些文件的原始版本也很重要。在给这些文件的新版本命名时，复制原始版本的文件名，并在后面添加相应的修改日期，形成新的文件名。例如不要简单地将新版本的文件命名为"战略构想_最新版本.doc"，而应将其命名为"战略构想_2014_03_27.doc"。在这个文件名中"2014"即代表2014年,"03"即3月,"27"即27日。如果一天中又存在多个修改版本,你可以在不同版本文件名中添加相应的编号,例如"战略构想_2014_03_27_1.doc"即代表当日的第一次修改版本。这样一来,不同版本的文件就可以区分开来,你也能方便地查到文件的最新版本。如果你觉得文件名过长的话,还可以简化文件名,例如"战略构想_140327_1.doc"。

下面是针对文件夹命名的建议:

☞ 使用"其他"等不明确的名称来命名文件夹是不妥当的,你应及时更改这类文件夹名称,在命名文件夹时稍加考虑,即可避免这个问题。

☞ 如果文件夹通过字母排序不合理的话,你可以在文件夹名前添加编号,从而使文件夹按照你的需要进行排列。

```
Name
▶ 📁 00 In Abstimmung
▶ 📁 01 Entwurf
▶ 📁 02 Freigeben
▶ 📁 03 Bezahlt
```

☞ 一级文件夹下不要设置超过七个下级文件夹,否则其中的内容就不够一目了然了。将内容相关的文件夹汇总在统一的新文件夹下,以此保证文件夹体系清晰明了。例如:

第 3 章　灵活应对数据混乱

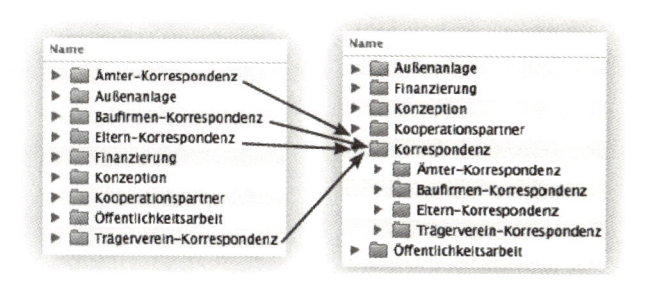

```
Name                              Name
▶ 📁 Ämter-Korrespondenz          ▶ 📁 Außenanlage
▶ 📁 Außenanlage                  ▶ 📁 Finanzierung
▶ 📁 Baufirmen-Korrespondenz      ▶ 📁 Konzeption
▶ 📁 Eltern-Korrespondenz         ▶ 📁 Kooperationspartner
▶ 📁 Finanzierung                 ▶ 📁 Korrespondenz
▶ 📁 Konzeption                       ▶ 📁 Ämter-Korrespondenz
▶ 📁 Kooperationspartner              ▶ 📁 Baufirmen-Korrespondenz
▶ 📁 Öffentlichkeitsarbeit            ▶ 📁 Eltern-Korrespondenz
▶ 📁 Trägerverein-Korrespondenz       ▶ 📁 Trägerverein-Korrespondenz
                                  ▶ 📁 Öffentlichkeitsarbeit
```

■ 这样做的好处

☞ 当你日后需要对文件数据进行更新时，在相应的文件夹中一眼便能找到它。

☞ 文件名命名合理清晰，可以使"搜索"功能更好地发挥作用。

☞ 如果该文件是公共数据，将文件命名清晰，你的同事在查找它时也更加便捷。

■ 关键技巧

命名文件名的方式有很多种，选择你认为方便的方式命名文件即可。**但关键的是你应当依照统一格式为文件数据命名。**

3.5　避免文件重复归档

如果文件既保存电子版又保存纸质版，可能引起额外的耗费以及误解。

■ 解决方案

文件归档时，也应当遵循务求不断改善的原则：所有事物都各安其位、各得其所！和同事们共同制定清晰的归档规则，并将这些规则添加到文件存储规则中去，从而达成共识：哪些文件应当电子归档，哪些文件应当纸质归档。

■ 关键技巧

在考虑归档方式的时候，你应当注意，未来可能有多少人需要相应的文件。如果人数很多，并且他

一分钟规则

们分散在公司各个部门工作的话，说明这份文件应当电子归档，以确保每位同事在一分钟之内即可找到相应的文件。如果进行纸质归档的话，那么需要这份文件的同事必须离开自己办公的区域，去另外的办公地点拿取，这会花费相当长的时间。

曾经在一次咨询过程中，我们遇到了一位管理者，我们和他一起制定修改了他的文件存储体系。他每个月都会收到很多报告，原来他会将报告全部打印出来放入相应的文件夹归档，同时他还将相应的邮件保留在邮箱中，另外为了保险起见还会将该文件上传到公共服务器中，这样一来，一份文件就被重复归档了三次。事实上他只需要保存

这些文件的电子版即可，于是我们和他达成共识，以后他只将该文件上传到公共服务器中即可。这样一来既简化了他的工作，又保证了其他同事能够快捷获取相应的文件。

■ **这样做的好处**

文件归档清晰明确，可以节省很多人力物力。另外也不会造成员工困惑：究竟哪一份归档的文件是最终版本。

3.6 避免文件重复存储

有些时候一份文件存储于不同的文件夹都是合理的。但是文件不应被重复存储，一旦重复存储，就可能引起员工困惑：究竟哪一份文件是最终版本。

■ **解决方案**

在文件存储规则中注明：每份文件仅有一份原始版本，相同的文件应避免重复存储。如果一份文件存储于不同的文件夹都是合理的，那么可以通过创建文件快捷方式解决重复存储的问题：将原始文件存储于一个位置，在其他可能存储该文件的文件夹内设置该文件快捷方式索引原始文件即可。

文件快捷
方式示例

文件图标上的箭头即表示该文件为快捷方式，以此你可以区分原始文件和快捷方式。

■ 这样做的好处

通过创建文件快捷方式的方法，你即可避免重复存储文件数据，并且可以快速索引原始文件。其最大的好处在于：这个方法可以保证你使用的文件始终都是最新版本——文件存储中最大的困难就被你克服了。因为文件存储中最大的问题不在于存储而在于重新检索到被存储的文件。

■ 关键技巧

在任意有需要的位置，你都可以为文件创建索引它的快捷方式。

■ 附加建议

对于存储共享文件的文件夹，在此创建重要文件的快捷方式也很重要。具体建议请参看本书下文。

3.7 为过时文件设置专门的存储文件夹

项目文件夹中混杂着已经完成甚至早已过时的文件是很恼人的。当然我们也不能否认,在将来的某一时间你还可能需要它们。但是这种文件越多,就越会阻碍你的办公效率。

■ **解决方案**

在你的项目文件夹内新建"档案卷"文件夹,并将已经完成甚至早已过时的文件移入这个文件夹内进行存储。这样,项目文件夹中就只剩具有现实意义的文件和数据了。

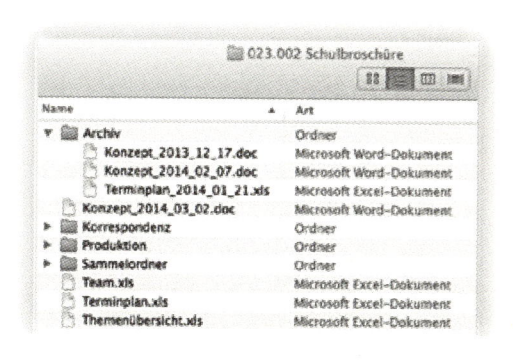

"档案卷"文件夹

■ **替代方案**

有些时候,在"档案卷"内继续分级设置"已完成文件"和"摒弃文件"文件夹是有意义的。你可以将已经处理完成的文件数据存入"已完成文件"文件夹，将被否定的但不应删除的计划方案存入"摒弃文件"文件夹。

■ **这样做的好处**

这样进行文件数据操作可以确保，在你的工程项目文件夹内的文件都是具有现实意义的，另外过时文件也有相应的存储位置，保证你在需要的时候能够随时查看。

3.8 推行文件存储规则

存储文件数据时，很多人会不知所措：应当将文件存储在什么位置呢？

■ **解决方案**

制定相应的"文件存储规则"，这样当员工在存储文件数据遇到问题时就能方便地找到解决方法。我们企业tempus的实践经验证明，在制定"文件存储规则"时，区分数据使用的主体是很有必要的：

☞ 全体员工（共享的文件还是特定的项目工程）
☞ 公司部门
☞ 个人

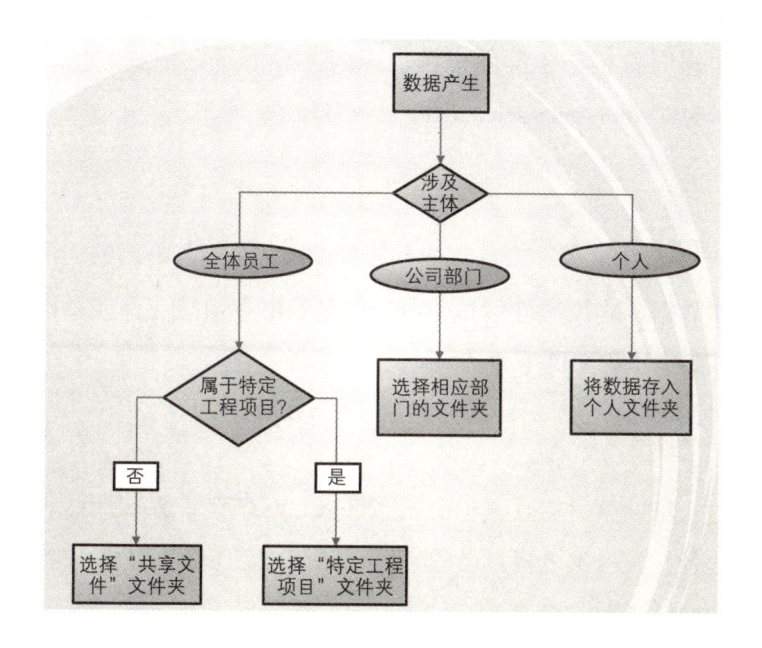

```
                    数据产生
                       │
                     ◇涉及◇
                      主体
          ┌────────────┼────────────┐
       全体员工      公司部门         个人
          │            │              │
      ◇属于特定◇   选择相应部      将数据存入
       工程项目?    门的文件夹      个人文件夹
       ┌────┴────┐
       否         是
       │          │
   选择"共享    选择"特定工程
   文件"文件夹  项目"文件夹
```

区分数据使用主体进而确定文件存储位置是非常有效的，现在我们再仔细解释一下这四种文件存储位置。

1. "共享文件"文件夹

在"共享文件"文件夹中存储有对公司整体都极为重要的文件和数据，它们既不能划分到部门文件类别，又不属于特定的工程项目。这类文件包括：公司标识、标语、基本信息等。

2. "特定工程项目"文件夹

在"特定工程项目"文件夹存储有某项工程项目或者公司活动的相关文件，这些文件需要多部门协调处理。例如我们公司多个部门协调组织的"冷静日"活动,详见www.tag-der-gelassenheit.de。

3. "部门文件"文件夹

"部门文件"文件夹中存储仅涉及某个相关部门的文件和数据,这类文件包括:客户信息、财务信息、仅涉及该部门的工程文件等。

4. "个人文件"文件夹

每位员工均有一个个人文件夹,这些文件夹按照姓名命名。实习生可将自己的文件存储在"员工个人文件/实习生/以个人姓名命名的文件夹"这一路径下。

员工可以自行管理"个人文件"文件夹内的文件和数据。但是重要的是,其他同事可能需要的文件和数据不应存储在"个人文件"文件夹内。如果在你工作缺班有其他同事代班的情况下,其所需要的文件也须存储在其他的文件夹内。

本书其他章节有关如何命名、设置、管理文件夹的建议也同样适用于员工"个人文件"文件夹的管理,以保证其可以迅速找到相应数据。

员工入职时应当为其设置"个人文件"文件夹。如果该员工日后离职并删除了其个人文件夹,应当保证公司文件不会泄露。

以上为四种文件存储位置的详细解释。在推行文件存储规则的过程中并不存在绝对的正确和错误之分，重要的是结果——能保证你和同事们一同制定文件存储规则并使其良好运行。

我们曾邀请一家公司参加我们的电子数据处理研讨会，当我们问及该公司如何存储公司数据时，该公司这样回答：

☞ 所有公司文件和数据都存储在X磁盘上。

☞ 在M磁盘上同时也存储有一套完全相同的文件数据，这套数据可供公司分支机构获取。当我们问及，既然数据内容完全一致，那么为什么要将它们同时存储在两个磁盘上呢？没有人可以回答这个问题，就连信息部门的主管人员也不知道如何作答。

☞ 如果员工A需要给员工B传送文件或数据，他必须将文件发送到磁盘Y，然后员工B在磁盘Y上进行下载。当我问为什么B不能直接从A处获取相应的文件时，没有人知道具体的原因是什么。并且这条规则和公司秘密也并无关系。

☞ 除此之外，公司服务器上还有一系列其他磁盘，甚至某些员工拥有以自己姓名命名的磁盘。有趣的是，一些其他员工的个人文件夹居然被放置在这些以个人姓名命名的磁盘内。

我们邀请的这家公司其实业绩十分出色，尽管如此，在电子数据管理方面也会出现文件存储位置不清楚的问题，这一问题确实十分常见。但是如果你按照我们介绍的上述方法，对公司文件数据进行管理的话，相信你一定比这家公司做得好！

■ 这样做的好处

☞ 共享文件（例如项目工程文件）存储合理有序、结构清晰。

☞ 可以有效避免由于不确定数据存储位置导致的数据无效重复存储。

☞ 其他同事包括新员工以及实习生都能适应并熟悉公司的数据存储规则。

☞ 结果：工作时更少烦恼、更快速度、更高效率！

■ 关键技巧

☞ 将你所制定的数据存储规则存储下来。

☞ 新建"文件存储规则"文件夹并将其置顶，用来存储"文件存储规则"。

3.9 提高效率目标达成

采用高效办公法益处颇多：不断提升自我管理能力，减少错误，避免浪费时间，提升办公满意程度。采用高效办公法管理文件数据，也会同样受益！

■ 自测

是否在重构信息存储体系时进行仔细评估并顾及公司自身的运作特点? ☐是 ☐否

是否总结出数据分类的主题，以基本统筹需要存储的文件类型? ☐是 ☐否

是否回顾并参考旧的数据存储体系，在另外的文件夹中设置新的存储体系? ☐是 ☐否

是否和同事们一起商议如何存储和管理公司文件和数据?

☐是 ☐否

是否将现行的数据进行备份? ☐是 ☐否

是否将有价值的数据转移到新的文件数据存储体系中，并且在转移数据的过程中，没有为检查文件内容浪费过多时间?

☐是 ☐否

是否已将旧的文件存储体系删除? ☐是 ☐否

电子数据和纸质数据存放是否遵循科学的统计分类学标准，例如你使用了客户编号和项目编号的方法? ☐是 ☐否

文件及文件夹命名是否清晰明了? ☐是 ☐否

是否找到了简便易行的方法，确保你能迅速查找到文件的旧版本? ☐是 ☐否

文件不论进行电子归档还是纸质归档是否都有清晰的规则?

□是　　□否

是否在文件存储时,每份文件仅有一份原始版本,相同的文件避免了重复存储?　　□是　　□否

是否在你的项目文件夹内创建了"档案卷"文件夹,并将已经完成甚至早已过时的文件移入这个文件夹内进行存储?

□是　　□否

是否将有意义的文件存储规则书面化?　　□是　　□否

文件存储规则明确书面规定了,哪些文件数据应当存储于什么位置,例如你已根据数据使用的主体——公司全体员工、特定工程项目、特定部门、个人——区分出文件存储的合理位置?

□是　　□否

第4章

轻松处理团队协作

每个人都卓越非凡，而在合作中则更能发挥人的最大潜能。

——约根·库尔茨

与他人合作并最终达到目标,很多人都很享受这一过程。另外,很多复杂的工作项目,需要不同的人才、不同的知识,只能依靠合作才能完成。团队成员合作良好,最终便能实现互利共赢的局面。

但是我们在日常工作与他人合作的过程中并不是一帆风顺的,总有一些问题会阻碍团队合作:

☞ 首先在确定团队碰头共商议事的日期安排就可能很令人困扰。

☞ 在团队讨论时如果缺乏一定的规则和纪律,那么其耗费的时间就可能远比大家预计的时间长,并且在会议结束的时候也不一定有很多成果,会议的效率就大打折扣。

☞ 会议记录人员可能成为承担责任的替罪羊,因此没有人愿意承担这份工作。但是如果不将会议的结果记录下来,那么进一步开展实施约定好的项目就可能受到阻碍。

☞ 此外,在合作过程中还有很多情况有时并不明晰,例如:何人在合作过程中承担哪些具体的任务?在

负责人缺席的情况下,谁有权代表负责人进行决断?究竟哪些工作以及相应的责任应当由负责人承担?如果这一系列问题得不到解决,任务便会被搁置,决策无法达成,合作项目进而难以推行。

在合作中,这些问题必须得到有效解决。好在数字化办公为团队合作开辟了很多新路径,从而解决其中问题,有效促进合作。相信你只需要使用现存简便易行的办公工具,即可轻松处理团队协作。在本章内容中,你将了解到相关实用有效的建议。

4.1 轻松确定会议日期

相信很多工作者在工作过程中都遇到过这样的情况:为了确定会议日期,需要给与会成员发送邮件并不断电话催问其是否有时间,以此避免时间冲突。因而很多人在确定会议日期这一项工作上就会花费大量时间。

我们曾经有一位客户遇到了这样的情况:他需要为一场一百人左右的培训会议确定日期,为此他给这一百人发送电子邮件,在内容中提及可行的时间方案,并请大家结合自己的时间安排告知其符合自己的日期。谁知最后只有十来位同事回复了他这封邮件,结果是他费力不讨好,不能从同事的回复中选择出最佳的时间安排。

■ 解决方案

最行之有效的方案是，在全体成员都在场的情况下确定会议时间。所以如果可能的话，在每次会议结束时就确定好下一次会议的时间，这是解决这一问题最好的方案。

■ 替代方案一：Doodle 时间调度软件

事实上在每次会议结束时就确定好下一次会议的时间，并不是每次都可行。当这种情况出现时，Doodle时间调度软件便会成为你的好帮手。

操作原理：

☞ 你通过Doodle时间调度软件提出多个可供选择的会议日期安排。

☞ 接着你向与会成员发出邀请，填写Doodle时间调度软件设计的问卷。

☞ 与会者只要根据自己的实际情况，花费几秒，在Doodle时间调度软件设计的问卷上点击相应的日期，即可完成。

☞ 通过与会成员完成的问卷，你就可以清晰明了地知道，谁在什么时间尚有空闲，此次会议应当安排在什么日期。

Doodle时间调度软件可以当作普通的日程规划工具，还可以在策划一项多人活动时，直观地标记每个人的空闲时间或布置的任务，省去打电话和开会的麻烦。使用Doodle时间调度软件完全免费，也无须注册使用账户，你现在就可以尝试使用。

■ 关键技巧

通过Doodle时间调度软件你已经确定了会议日期？太好了！在确定之后，建议你再向各位与会成员发送一封简短的邮件，告知大家最终确定的日期。与此同时你还可以简要向各位回顾上一次会议要点并提示下一次会议议程，以便大家做好相应的准备。

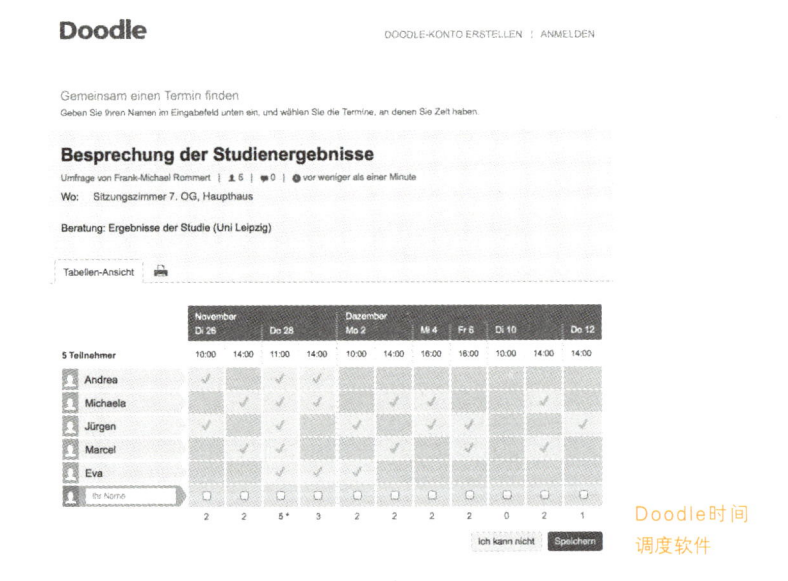

Doodle时间调度软件

■ 这样做的好处

☞ 确定会议日期时轻松便捷，你因此可以节省很多时间。

☞ 你提供的会议日期建议以及与会成员根据自身情况填写的日程反馈情况都一目了然。

■ 替代方案二：通过邮件敲定会议议程

如果会议日期已经大致确定，但是你需要进一步了解，相关成员是否能够按时参加，哪些成员能够参与全部议程，那么使用邮件替代Doodle时间调度软件，向成员发出邀请、敲定会议议程就是一个行之有效的方法。在邮件中，除了会议时间和地点，你还可以发送议程安排以及一条链接。

通过Outlook发送邮件界面。框内为附加链接与会议议程安排附件

该链接指引到你服务器上的相应文件。点击该链接，相应的文件就会自动弹出，邮件接收者就能填写其是否能够按时参加。

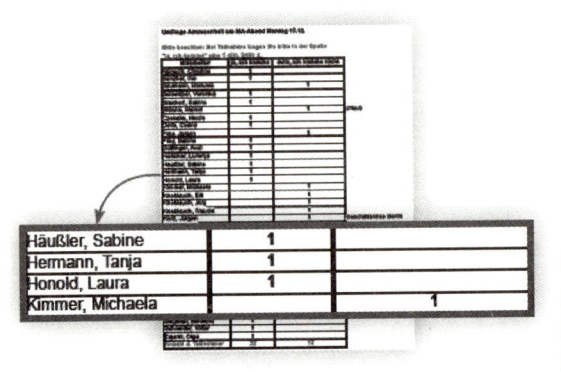

与会人员统计表。三栏从左至右依次为：姓名；能来参加；无法参加

根据成员们的填写情况，你就能一目了然地掌握谁可以按时参加会议、谁不能参加，还有哪些成员没有回复这份文件。

■ 替代方案三：微软 Outlook 软件约会功能

如果合作团队的成员们都使用微软Outlook办公，那么你可以使用Outlook创建项目——约会功能，将约会日期添加到"我的日历"并邀请与会者。

点击"邀请与会者"。

选择相应的收件人，然后向他们发出邀请。

受邀的与会人可以选择接受、拒绝或者暂定（但是请你尽量不要使用暂定功能）。

受邀的与会人选择接受邀请，约会日期便会自动录入他的日历，这相应减轻了收件人的工作量。

使用Outlook约会功能的另一大益处在于：在发送邀请成功后，你可以通过"跟踪"功能实时了解与会者的回复情况。

4.2 提高会议效率

如果会议准备情况很糟糕、会议讨论没有中心点，那么会议效率就很低、代价就很大。另外，低效的会议不仅仅花费大量的财力，还会浪费大量时间、消磨与会人员的耐心。我们曾对两万多名读者进行问卷调查，问卷结果同样证明了上述这一点。在这份问卷中，我们提问道："如果所有与会者都能按时出席会议，并且都对每一项会议议程做好了充分的准备，那么会议讨论可以节省多少时间呢？"四分之一的受访者称可以节省31～60分钟，甚至还有22%的受访者认为可以节省超过一个小时。

■ 解决方案

☞ 会议开始前两到三天，就每一项议程进行书面准备，列出议程大纲，可供会议组织者随时参看。

☞ 通过会议大纲及相关的会议书面材料，与会者可以一目了然地知晓：会议围绕的中心问题是什么，有哪些解决方案，最优方案是什么，推荐该方案为最优的原因是什么。

☞ 会议组织者应当将会议根据议程划分为不同的阶段，并预估每一项议程及其阶段所需要的时间。

■ 关键技巧

☞ 会议组织者应当明确声明，遵守约定的会议时间，能使所有与会人员受益。

☞ 约定时间一到，会议便准时开始。

☞ 会议过程中应当有相应的工作人员，负责计算各项议程所花费的时间，尽可能保证所用时间与预估时间相符。无休止地围绕同一项内容展开讨论又无法达成一致意见会阻碍会议进展。

■ 附加建议

会议过程中使用沙漏计时器是一个很好的方法。沙漏计时器有不同的规格，我们通常推荐你使用15分钟规格的沙漏计时器。使用它的好处在于，与会者可以直观地体会到15分钟转瞬即逝。当沙漏中的沙子流尽，需要翻转沙漏重新开始计时时，这对与会者的冲击力是很大的。

■ 替代方案

你可以在会议进行的过程中在会议桌上摆放一个平板电脑，打开"While We Were Meeting"（当我们正在开会时）的应用软件。这个应用软件会计算随着时间的流逝，会议所耗费的财力。虽然将时间转化为金钱这种计算方式可能有不合理之处，但是这项软件为与会者呈现的画面可以让大家直观地感受到：时间就是金钱，因此大家会更加珍惜会议时间、贴近会议主题、围绕主题共商方案，从而提高会议效率。

"While We Were Meeting" 应用软件

■ 这样做的好处

这些方法可以帮助与会者更好地聚焦于会议的主题，顺利地完成会议讨论。

4.3 轻松应对会议记录

在会议讨论的过程中经常迸发新灵感、好点子。但是很多情况下，要么由于会议缺乏记录，要么由于会议记录缺少关键细节，使得很多好点子难以实现。我与莱比锡应用技术大学马克·格拉芙教授通过德国最大的关于工作效率的在线问卷调查共同完成的学术调查显示：在会议中商定的事项，有39%最终未能实施。这是多么大的浪费啊。

■ **解决方案**

根据会议进程，实时记录会议讨论的结果。会议记录无须一字一句、分毫不差，通常情况下记录下讨论的重点及结果就可以了。

■ **关键技巧**

重要的是让与会者都能了解记录的内容。为了达到这个目的，你在记录过程中尽量不要更换设备，始终在同一台计算机上进行操作，另外可以使用投影设备将会议记录实时投放到屏幕上，以便所有与会者都能了解会议记录的内容，并且随时提出修改意见、及时消除误解。

会议记录格式文档

■ 附加建议

☞ 举行会议时，先从涉及所有与会者的话题开始谈起。如果议程仅仅涉及部分与会者，那么就将这项议程安排在会议的末尾阶段，这样一来，与该项议程无关的与会人员就可以先行离开投入到其他的工作中去。

☞ 如果你的团队在本次会议进行前有先行会议要求的任务需要完成，那么在本次会议上，大家应当先就先行会议要求完成的任务进行讨论。这样做，一方面可以确保团队成员都能按时完成各自的工作任务；另一方面，如完成存在困难，成员也可以借此契机，提出问题所在，征求团队建议，最终确保工作任务的顺利完成。

■ 替代方案

如果你和你的团队都使用微软Outlook和OneNote办公，那么你也可以使用这两个应用程序完成会议记录。你可以使用OneNote选择团队成员都有共享权限的笔记本记录会议，然后点击Outlook"会议笔记"功能，实现该记录与Outlook的相互链接，这样你就可以轻松调出本次共享的会议议程及记录。另外你还可以将会议记录中确定的工作任务添加到Outlook日历中创建待办事项。最后，两个程序的互通链接是双向的，你既可以从Outlook链接到OneNote，又可以从OneNote链接到Outlook。

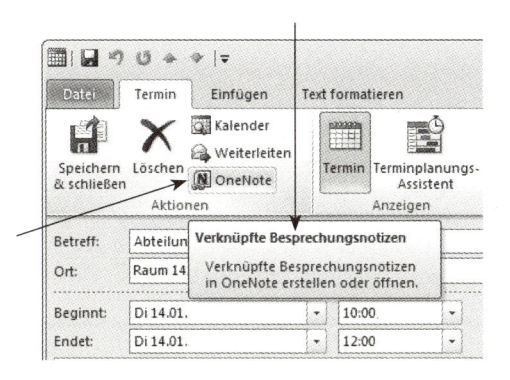

■ 这样做的好处

☞ 这样记录会议，可以让全体成员都能参与其中、提出建议。

☞ 所有与会成员都能充分理解这份会议记录。

☞ 会议一结束，记录即可完成，并且你可以通过邮件的方式将其发送给其他的团队成员。

4.4 理清团队权责分工

如果团队合作顺利，合作将会取得巨大成果。但是在我们工作时，会经常出现权责不明的问题。何人在合作过程中承担哪些具体的任务？在负责人缺席的情况下，例如负责人病假、出差或者因不明原因无法联系时，究竟谁有权代表负责人进行决断？如果这一系列问题得不到解决，任务便会被搁置、决策无法达成，合作项目进而难以推行。

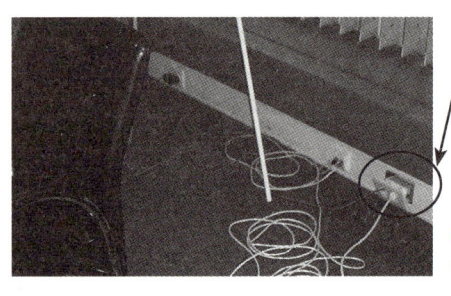

谁来负责会场设备的维修?

■ 解决方案

创建一张权责分工的表格，说明团队成员相应的工作及责任。例如，你可以制订如下表格：

☞ 谁来负责文件打印、复印等工作。
☞ 谁来解决电话通信设备的问题。
☞ 出现计算机崩溃的问题时，谁来解决。
☞ 谁来解决会议现场插座、电路线缆等设备的问题。
☞ 谁来维护网址主页。
☞ 谁来更新文件、表格等。
☞ 谁来更新部门通讯录，并负责联系成员。

通过这张表格，你可以一目了然地掌握大家的权责分工，并且可以随时对团队分工进行查缺补漏。

■ 附加建议一：职责轮转

对于不需要专业技能但又必须完成的工作任务，我们通常采取责任轮换的方式完成，收效良好。

例如，团队成员可以轮流负责文件材料复印、打印工作，这样做的好处在于，一方面减轻工作人员的负担，另一方面有利于让全体成员都更加了解这份不起眼的工作所消耗的时间和精力，然后大家就能更加懂得珍视别人的劳动成果，并遵守约定好的工作规则。相应的工作职责可以按季度进行轮换。

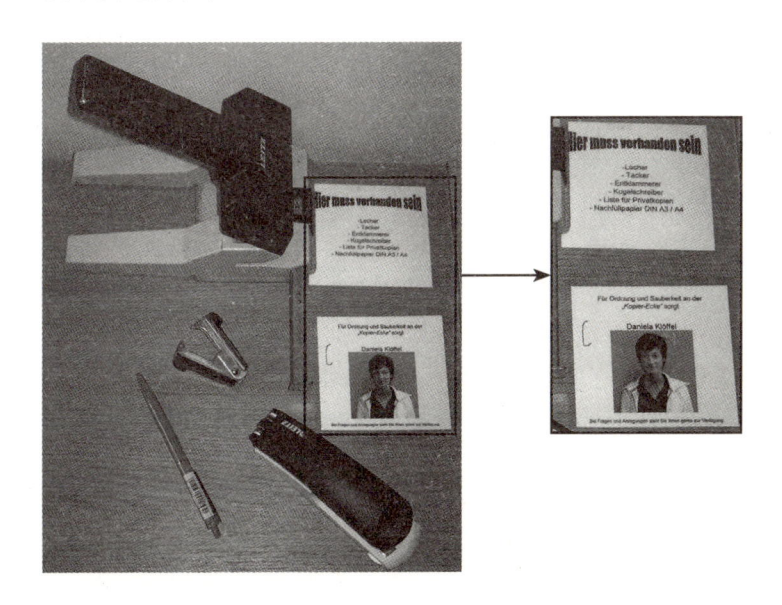

■ **关键技巧**

为了使权责明晰，各个成员都能严格遵守权责制度，职责轮换过后，应当及时对信息进行更新，相应的信息应当符合最新的情况，过时的信息可能导致误解进而降低工作效率。

在工作代理的情况下，为了确保权责明晰、工作万无一失，你可以制定一份检查清单。其中涉及的内容可能包括：

☞ 工作缺席期间工作代理人的相关信息；

☞ 设置Outlook工作缺席自动回复功能；

☞ 设置工作电话的自动应答功能；

☞ 为你的工作文件及数据设置相应的获取权限。

文件的获取权限从上至下依次为：阅读和修改；只读；只读

■ 附加建议二：保存权责分工文件

当你将权责分工确定下来后，可以将这份文件存储为Excel表格文件，并将其置顶存储于部门文件夹内。这样一来，部门内的团队成员在需要的情况下均可以随时翻看，找到相应的负责人。

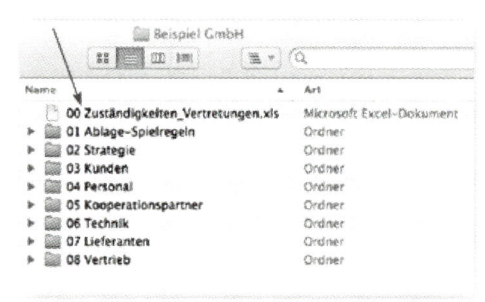

保存权责分工文件

■ 这样做的好处

☞ 团队合作中的权责分工变得清晰明了。大家都能清楚地了解，在出现问题或困难时，应当找谁解决。

☞ 团队合作中明确的权责规则得以形成，工作都有规则可依。

4.5 提高效率目标达成

你可以借合作中出现的问题和困难为契机，仔细分析原因并找出相应的解决方案。如果同事在合作过程中不断提出疑问，那么就可能出现了合作不顺利、合作者不熟悉工作流程等问题。当这些问题在日常工作中出现时，你就应当认真考虑，是否需要按期举行团队碰头，在碰头会上，每位成员都能提出问题，然后大家一起讨论将其解决，以此减少合作障碍。

■ 自测

你有没有养成习惯，在每次会议结束时就确定好下一次会议的时间？　□是　□否

是否尝试使用过Doodle时间调度等日程安排应用软件？　□是　□否

是否就会议每一项议程进行书面准备，列出议程大纲，可供会议组织者随时参看？　　　　　　　　　　□是　　□否

是否能够通过会议大纲及相关的会议书面材料，使与会者一目了然知晓：会议围绕的中心问题是什么，有哪些解决方案，最优方案是什么，推荐该方案为最优的原因是什么？
　　　　　　　　　　　　　　　　　　　□是　　□否

作为会议的组织者，你是否将会议根据议程划分为不同的阶段，并预估了每一项议程及其阶段所需要的时间？
　　　　　　　　　　　　　　　　　　　□是　　□否

在会议期间，你是否使用过沙漏计时器？　　□是　　□否

或者在会议期间，你是否在会议桌上摆放平板电脑，并打开"While We Were Meeting"（当我们正在开会时）应用软件，用以计算会议花费的人力物力？　　　　　　□是　　□否

是否已经适应，根据会议进程，实时进行会议记录？
　　　　　　　　　　　　　　　　　　　□是　　□否

是否通过投影设备将会议记录实时投放到荧幕上，使得与会人员随时可以查看会议记录内容并提出修改意见？□是　　□否

是否创建了权责分工的表格，用以说明团队成员相应的工作及责任？　　　　　　　　　　　　　　　　□是　　□否

在工作代理的情况下，为了确保权责明晰、工作万无一失，你是否制定了一份检查清单？　　　　　　　□是　　□否

第5章

巧妙处理
信息洪流

640Kb 存储容量对任何人都应该足够了。

——比尔·盖茨，1981

第5章 巧妙处理信息洪流

在过去，人们从未像今天这样如此轻松地获取信息：

☞ 人们每天都会通过电子邮件方式接收网络新闻，其中包含了大量信息。例如我个人也会为读者发送免费网络新闻，很多读者认为这些内容十分有用。

☞ 维基百科是一个动态的、可自由访问和编辑的全球知识体，囊括了大量文章。

☞ 知识无处不在，甚至就隐含在你每一份小小的PDF文档中。

☞ 数以万计的互联网网站提供免费可靠的信息检索服务。

现代信息技术的发展，使人类长久的梦想——轻松沟通互联、信息无障碍交流——得以实现。但是与此同时，筛选并实时掌握真正有用的信息，带给人们的压力从未像今日这样巨大。

☞ 邮件订阅新闻可能导致工作者分散注意力、中断工作。

☞ PDF文件中的文章和信息，我们可能想之后抽出时间再取阅。

☞ 很多网站都可能值得浏览，但是由于数量过多，对我们的阅读量提出了巨大挑战。

☞ 我们究竟应该在什么时间阅读在推特社区发送接收

的短消息以及其他社交网站链接的有趣文章？

如此一来，信息洪流成了人们在应用现代技术获取信息时的一场噩梦！难道我们真的要将看似有用的信息全部保存下来？真的要为琐碎小事花费精力，在无关紧要之事上浪费时间？其实我们应当始终秉持专注铸就成功的原则，在处理信息洪流时亦是如此！在本章内容中，你将会了解和掌握实用技巧，帮助你提高筛选处理信息的效率！

5.1 更改你的收件箱设置

使用社交网站的人都知道，在我们使用邮箱注册相关账户后，会经常收到社交网站发送的验证信息、订阅推送文章、各式各样的消息通知等等。包含这些内容的邮件虽然并不需要我们及时处理，但是它们很可能对我们的工作生活造成极大的影响。

社交网站发送的邮件

■ 解决方案

在你的邮件程序中创建一个"社交网络邮件"文件夹，将社交网站发送的验证信息、订阅推送文章、各式各样的消息通知等邮件全部集中在这个文件夹内，通过对邮箱进行相关设置，这些邮件还可以自动收录在该文件夹内。如此一来，你的收件箱就不会充斥这类邮件，你也不会因此感到困扰。之后你可以定期对这些邮件进行处理，例如你可以规定一周一次处理相关邮件。

■ 这样做的好处

你不会因为社交网络的推送邮件倍感困扰，也不会因此忽略了重要的邮件。

■ 附加建议

通过社交网络账户的订阅设置你还可以自行选择订阅的内容，选择你需要的内容进行订阅并允许社交账户进行推送，对于其他内容，你可以直接关闭订阅选项。

5.2 创建"订阅阅读"文件夹

在日常工作和生活中，我们还会经常收到一些邮件，它们与我们的工作内容并不相关，花费时间阅读会干扰我们的正常工作，但是因为其中包含了我们感兴趣的内容，所以直接删除又很可惜。

```
Info - xpand
xpand Stiftung NEWS September
AlumniNet der Studienstiftung
Newsletter Oktober für Köln/Bonn/Aachen
Michael Hyatt
[Weekly Digest] Posts from Michael Hyatt
newsletter@halem-verlag.de
Herbert von Halem Verlag Newsletter Herbst
www.workshops365.de
Ihr workshops365.de-Newsletter
Newsletter PR-Journal
DPRG-PR-Presse; Econ Awards; Soziale Berufe kann nicht jeder; Kritische Studien; BdP-Schlingen bei DPRG-Bayern
```
订阅邮件

■ 解决方案

在你的邮箱程序中补充添加一个"订阅阅读"文件夹，你可以在这个文件夹内收录你不需要进行处理，但是内容很有趣的邮件。这类邮件的典型代表就是订阅新闻。与此内容相似的邮件，你既可以将其手动存储在这个文件夹中，也可以对邮箱进行相关设置，使其自动接收。然后，你可以每周选择固定的时间，来阅读这个文件夹内的邮件，并在阅读之后将该文件夹内的内容清空。

■ 这样做的好处

如同本章第1节，采取这样的方案解决问题，邮件订阅新闻再也不会影响你的正常工作，与此同时，你也不会错过任何值得阅读的内容。

■ 关键技巧

如果你没有读完本周接收的订阅内容，亦可以在阅读之后清空该文件夹中的内容。因为下一周依然会有大量的新内容发送到你的邮箱，保持阅读内容的时效性也很重要。或者，你也可选择每三个月清空一次该文件夹，这样你就有更多的时间来阅读之前的内容。但是别给自己太大压力，你应该习惯接收到的订阅量要比你读过的内容量大得多。

5.3 将你希望之后阅读的内容集中存储在某一个位置

在使用邮箱或者网络检索的过程中，你可能经常遇到自己感兴趣的文章、演示文稿、PDF、音频或视频文件等，你虽然对这些内容很感兴趣，但是当下并没有时间浏览，所以你想将它们下载下来、之后查看。可是这些内容与你手头的工作其实并无关系，因此并不存在与其相对应的存储位置。这样一来，这些文件就会被随手分散存储在计算机中，从而可能导致存储内容的混乱。

■ 解决方案

将这些你感兴趣的内容统一存储在电脑同一个文件夹内，你可以将它命名为"阅读"。

Lesen
61 Objekte

■ **这样做的好处**

对于你感兴趣并希望之后阅读的内容,有了固定的存储位置。

■ **附加建议**

☞ 你可以在电脑桌面创建该文件夹的快捷方式,这样向该文件夹内存储文件以及调取查阅文件夹内的文件都会变得更加便捷。

☞ 另外,你还可以使用类似Dropbox的应用程序,将这个文件夹同步存储在云端,这样一来你就可以利用不同的终端设备随时随地查阅你感兴趣的文件了。

■ **关键技巧**

你也应当注意保持这个文件中内容的时效性,应当及时删除那些过时的内容。否则随着时间的推移,该文件夹中的内容就会越积越多。另外你还应意识到,即使对于你感兴趣的内容,你也不一定有时间将它们全部浏览完,所以别给自己太大压力。

5.4 一键打开常用网站

很多人习惯输入网址打开并加载网页,这会花费很多不必要的时间。此外，一旦网址输入错误需要重新输入，又会花费很多时间。

■ 解决方案

将常用网站保存为书签，收录在同一个文件夹内，使用浏览器"打开所有书签"功能，这样你就可以一键打开多个标签页，即打开相应的常用网站。

■ 这样做的好处

你不必逐一打开标签页，还可以节省输入网址、选择网页书签的时间。

■ 关键技巧

为网页添加书签的时候，应当仔细考虑，哪些网站是你每天真正希望浏览的。有意识地限制一下书签的数量，只为你认为重要的网站添加书签并将其收录到书签文件夹中。

5.5 善用"搜索"功能

为了获取相应的文件，人们通常的做法是：在文件夹中逐级选择、点击，最终找到该文件。但是有许多人并不知道如何更快地找到相应的文件。

■ 解决方案

你可以打开电脑磁盘、文件夹并使用"搜索"功能。如今的电脑操作系统都可以根据你提供的关键词，搜索到你存储于电脑中相关的文件，这意味着你无须

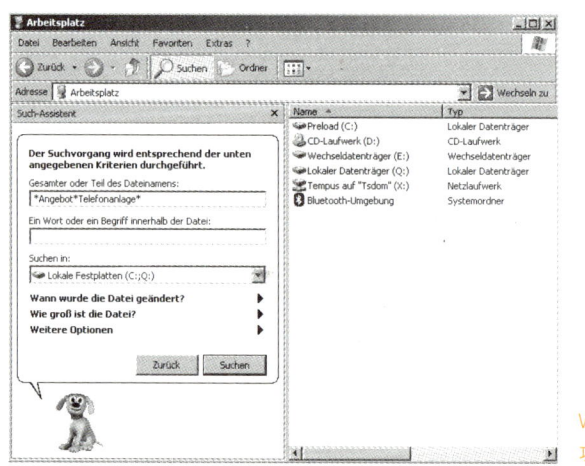

Windows搜索
功能界面

在搜索时输入文件的全名，只需要输入几个相应的关键词，电脑即可自动检索出相应的文件。技术背景：类似谷歌的搜索引擎利用电子爬虫技术，成为丰富互联网内容的关键。通过搜索引擎，人们可以快速获取需要的信息。同样，这项技术也被应用到电脑的"搜索"功能中。

■ 关键技巧

☞ 尽可能使用在文件中出现频率较低的关键词，例如文件中的人名或相关机构的名称。这样做的好处在于，可以缩小检索结果的范围、提高检索的准确性。例如：一份文件中出现了两个人名"穆勒"和"克热明斯基"，当你在搜索这份文件时，使用后者为关键词更能缩小检索结果的范围，提高检索的准确性。

☞ 如果通过一个关键词，没有找到你需要的文件，试试通过输入这个词语的近义词来搜索相应的文件。例如：当你输入"幼儿园"不能搜索到你需要的文件时，输入"托儿所"试试看。

☞ 你还可以同时输入多个关键词进行搜索，例如：在搜索框中输入"幼儿园OR托儿所"，那么电脑就会自动检索出包含任一关键词的文件。值得注意的是将关键词使用OR（必须大写）来区隔。

☞ 如果你想精确搜索包含特定字符的文件，例如你想搜索包含"高效办公"的文件，同时又想排除仅包含"高效"的文件，那么你可以给高效办公加上双引号，这样电脑检索出的结果就会自动排除仅包含"高效"的文件，使搜索范围更加精确。

■ 附加建议

很多保存在你计算机上的文件或数据都来源于互联网。将这些文件存储在你的电脑上，不仅会占用大量的存储空间，还会逐渐失去时效性。所以，当你需要使用这类文件的时候，建议你直接在网络上通过搜索使用最新版本，在搜索的时候，你还可以使用上述小技巧来提高搜索的效率。

■ 这样做的好处

使用"搜索"功能能帮助你在复杂的文件存储体系中快速找到相应的文件。你可以因此节省很多时间。

5.6 使用电子笔记工具

在浏览网页时，我们时常遇到自己喜欢的内容，这些内容可能是某个特定的网页页面，抑或是该网页的部分内容，还可能只是单纯的一条网址链接，它们可能引发我们的思考或者给予我们灵感和启发，因此我们想将它们记录下来。

■ **解决方案**

你可以使用相应的APP软件或者在线应用，收集、整理并检索你所作的笔记、下载的文件以及收藏的网址链接。下面是应用软件APP"Evernote"在实际运用过程中的实例。

① 笔记本列表
② 笔记页列表
③ 笔记内容

电子笔记
工具界面

■ **这样做的好处**

你可以随时随地保存、查看自己所作的电子笔记，通过同步功能，你还可以适用其他终端设备对你的电子笔记进行操作。

5.7 提高效率目标达成

对于整理电子文件和数据，很多人做得并不好，同时他们也不愿付出努力，以轻松应对信息洪流。他们为自己找借口说自己根本没有时间做出改变。理由看似合理——毕竟人的时间精力总是有限的。但是请你相信，一旦你开始尝试摆脱曾经的坏习惯，使用新方法养成好习惯，受益将是无穷无尽的，你将会逐渐取得进步，同时更加激励自己进一步做出改变，然后形成良性循环，最终你也能成为一位效率大师！相信自己，现在就是开始改变的契机！

■ 自测

在你的邮件程序中，你是否创建了"社交网络邮件"文件夹，将社交网站发送的验证信息、订阅推送文章、各式各样的消息通知等邮件全部集中在这个文件夹内？ □是 □否

你是否已经对邮箱进行了相关设置，使上述相似内容的邮件自动收录在相应的文件夹内？ □是 □否

你是否已经习惯于定期处理该文件夹内的邮件，例如一周一次？ □是 □否

通过社交网络账户的订阅设置，你是否已经自行选择了订阅内容，对于其他内容，你是否已经直接关闭了订阅选项？

□是 □否

你是否已经在邮箱程序中补充添加了一个"订阅阅读"文件夹，在此收录你不需要进行处理，但是内容很有趣的邮件？

☐是　☐否

即使你没有读完本周接收的订阅新闻，你是否也已经习惯，在阅读之后清空"订阅阅读"文件夹中的内容？　☐是　☐否

你是否将你感兴趣的内容统一存储在电脑同一个文件夹内，并将它命名为"阅读"？　☐是　☐否

你是否还在电脑桌面创建了上述"阅读"文件夹的快捷方式，使得向该文件夹内存储文件以及调取查阅文件夹内的文件变得更加便捷？　☐是　☐否

你是否已将常用网站保存为书签，并收录在同一个文件夹内，只要使用浏览器"打开所有书签"的功能，就可以一键打开多个标签页，即打开相应的常用网站？　☐是　☐否

在查找文件时，你是否已经习惯使用"搜索"功能，免于在文件夹内逐级点击获取文件？　☐是　☐否

你是否已经习惯使用APP软件或在线应用，收集、整理并检索你所作的笔记、下载的文件以及收藏的网址链接？　☐是　☐否

第6章

轻松管理
电子设备

我从来就喜欢按规矩办事。

——约翰·沃尔夫冈·冯·歌德

十多年前，个人电脑、打印机、复印机、数码相机这些电子产品的价格还十分昂贵，因此拥有这些设备的个人用户数量并不多。在办公领域，也有专门的技术人员操作它们。但是时至今日，时代已经发生巨大变化，每一家公司乃至每一个家庭都有自己的私人电子设备。**学会熟练操作个人计算机，管理个人电子信息数据，当设备出现故障时可以自行初步排查解决，几乎已经成了每一位工作者的必备技能。**

但是在办公时，我们还是会时常遇到办公设备崩溃的问题；特别是我们急需使用时，出现这些问题就会使人更加恼火。

产生这些问题的原因有很多：

☞ 打印机缺少纸张。

☞ 某个设备的插头松了，但是你又不知道，这个插头连接的是哪个设备。

☞ 设备电池没电了。

☞ 标签打印机需要更换一个新的滑轮，新的零件已经就位，但是你并不知道如何更换。

☞ 你想借用公司里的公用照相机，但是你不知道它放在哪，也不清楚上一次用过相机的人是谁。

要知道细节成就未来，机会稍纵即逝，在企业竞争日益激烈的今天，你可能因为一点设备故障就错失一份订单。而更严重的是，因为细节疏忽导致你痛失全盘，更会增加你的挫败感。

在接下来的一章内容中，你将会了解如何轻松处理电子设备。这些技巧对于所有人都适用：无论是公司、企业、客户、还是家庭、朋友、你自己，使用这些技巧解决电子设备问题，会让你的生活变得更加高效便捷。

6.1 合理布置电脑桌面

很多人喜欢将刚刚下载或者临时存储的文件堆放在电脑桌面上，他们认为这样做能够方便查找与使用，不会有所遗漏。但是当满屏皆是文件图标时，再想快速找到需要的文件，就会十分困难。

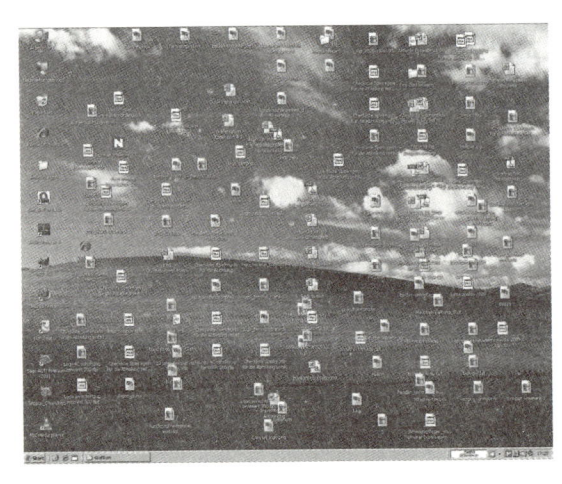

布满图标的电脑桌面

■ **解决方案**

解决此问题时，你仍应当遵循"所有事物都各安其位、各得其所"的原则。将文件存储在其应该存储的位置，尽量保持电脑桌面干净整洁。如果你有需要，请在桌面上为文件设置相应的快捷方式。

■ **关键技巧**

☞ 如果你下次再从网站下载文件或者通过邮件下载附件时，请将文件直接保存在相应的文件夹中，不要堆积在桌面上。

☞ 请勿将原始文件放置在电脑桌面上，如果你需要快速获取并使用相应的文件，请在桌面上为它设置相应的快捷方式。我以"高效办公"的演示文稿作为示例，虽然我没有将"高效办公"演示文稿的原始文件放置在桌面上，但是通过双击桌面上的快捷方式图标，我依然可以快速打开该文件。

■ **附加建议**

你可以使用应用程序"Fences"将桌面图标区隔化。例如：你可以将桌面应用及文件划分为"文件夹""图片及电影""网址链接"等类型，并按照不同的类型创建相应的区域，将图标归类摆放。你所创建的区域大小、外观颜色均可根据你的需要进行设置。通过这个小程序，你就可以拥有井然有序的电脑桌面了。

"Fences"

■ 这样做的好处

你的电脑桌面干净整齐，没有随意码放的文件图标，抑或整齐地排列着文件或应用的快捷方式。井然有序的电脑桌面为你高效办公助一臂之力。

6.2　将备用纸张摆放在触手可及的地方

在工作中，我们时常会遇到打印机纸张用完的情况。有些公司要么是没有将备用的纸张摆放在员工触手可及的地方，供大家补充填纸；要么是放置的纸张位置不方便更换添加。这会极大阻碍大家的办公效率。在我们提供咨询服务的过程中，曾见过这样的场景：

第 6 章 轻松管理电子设备

打印机备用纸
张引起的办公
问题

■ **解决方案**

将备用的打印纸张放置在打印设备旁边，方便大家更换添加。

■ **关键技巧**

☞ 在同种规格的纸包上放置标示该种纸张规格及使用

注意事项的看板卡片，方便大家了解纸张规格信息、添加纸包。

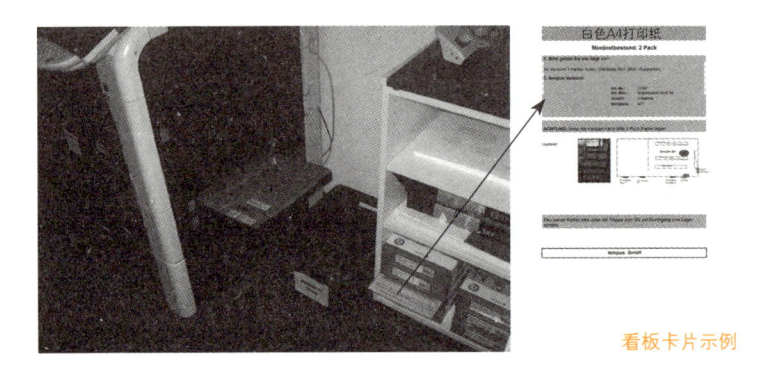

看板卡片示例

☞ 给打印机添加纸张前，首先进入员工视线的是你摆放的看板卡片，卡片示明：当打印设备旁边摆放备用纸包的货架缺少库存时（库存少于两包），员工应先领取纸包、补充货架。

☞ 根据看板卡片，员工可以找到相应的物资部门，领取纸包。

☞ 如果公司规模较小，没有相应的物资采购存储部门，你可以在看板卡片的后面，附加一份传真模板，上面标明办公用品供货订单信息。当打印设备缺少纸张库存的时候，员工可以使用传真模板直接联系办公用品供货商。这样一来，可以保证你的公司不会因为缺少办公用品库存，导致办公效率下降。

■ **这样做的好处**

这样一来，在你的公司中，就形成了办公用品使用和维护的自助模式，它节约了公司管理成本，提高了办公效率。

6.3 减轻技术部门工作人员的工作压力

可能在办公过程中，大家都遇到过这种情况：要么是因为某项电子设备缺少连接线或者设备电池没电，要么是因为存储重要文件的U盘不见了，从而影响下一步工作的正常推进。

这些琐碎的问题不仅仅困扰着每一位普通员工，更困扰着公司技术部门的工作人员。我曾听过一位信息技术部门的员工向我抱怨，他在上班的时候一分钟都闲不下来：因为不断地有同事过来找他问，这个设备在哪、那个设备在哪……

■ **解决方案**

在公司的电子设备摆放区域，专门设置一个储物柜，将不同种类的设备分门别类地放进储物柜，并给柜子的每一格标好相应的名称，使得所有员工都能在短时间内找到他们需要的设备，以此形成电子设备取用的自助模式。

极简工作 ⑪

——打败拖延和焦虑，从整理电脑开始

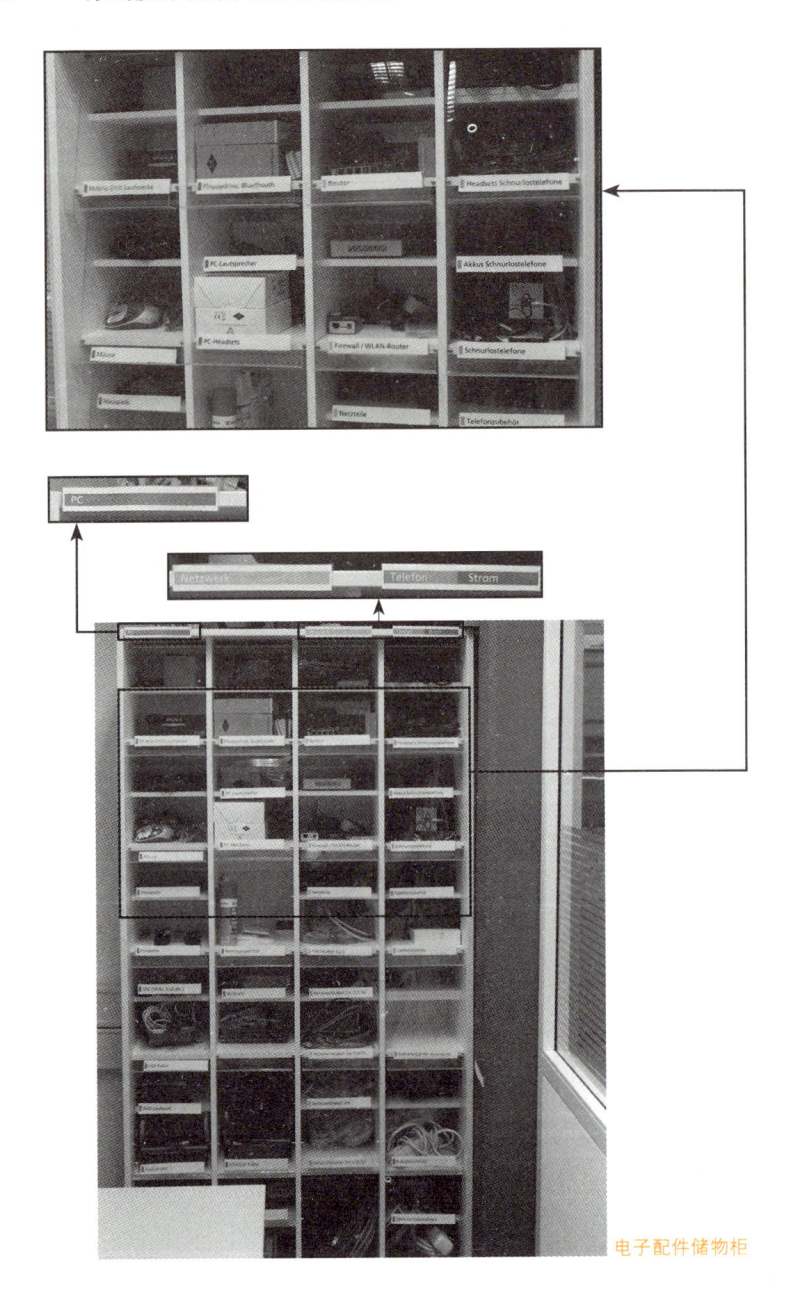

电子配件储物柜

122

你可以购买标准的储物柜，分门别类地放置电子设备，在购物网站上搜索"储物柜"，你可以搜到很多相关商品。或者你还可以在家具厂根据你公司的需求定制储物柜。

■ 附加建议一：为解决电子办公问题设置相应的公司内部负责人

为解决电子办公问题，设置不同的公司内部负责人，将负责人名单张贴在合适的位置，方便同事们查看。你可以将电子办公事务区分为数据备份工作、软硬件采购工作、移动电话采购工作等等，并将相应的负责人和紧急情况下的临时负责人姓名标注在工作事项的后面。例如：打印复印工作负责人A.葛婷尔，紧急情况下的临时负责人M.米勒。

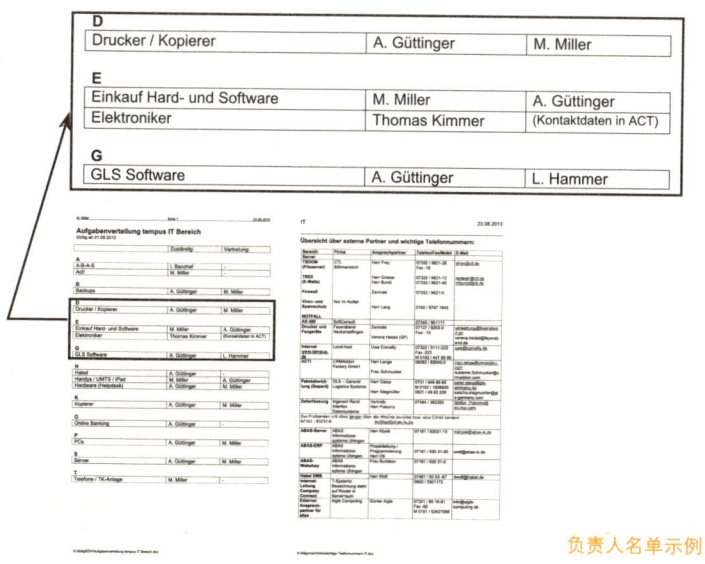

D		
Drucker / Kopierer	A. Güttinger	M. Miller
E		
Einkauf Hard- und Software	M. Miller	A. Güttinger
Elektroniker	Thomas Kimmer	(Kontaktdaten in ACT)
G		
GLS Software	A. Güttinger	L. Hammer

负责人名单示例

■ 附加建议二：提供重要的外部技术人员的联系信息

你还应为本公司的同事们提供重要的外部技术人员的联系方式，当出现严重的技术问题或技术故障时，他们可以直接联系专业的工作人员，解决电子办公设备问题。

■ 这样做的好处

☞ 公司同事们可以自助取用需要的电子办公设备，无须打扰技术部门的工作人员。

☞ 技术部门的工作人员可以集中精力解决真正的技术问题，不会因琐碎杂事干扰自己的办公效率。

6.4 节约复印、打印文件的成本

为了举行公司会议、召开产品发布会，公司通常会忽略打印价格、印刷过量的纸质文件，这不但耗费财力，还造成资源浪费。甚至有些时候，打印这些文件根本是不必要的，公司可以通过其他方法向与会者提供相应的文件和材料。除此之外，因为不了解使用需求，很多人在打印时会选择价格更

加昂贵的彩色打印,但实际上这些文件只需要黑白打印就足够了。

■ 解决方案

在打印机上粘贴打印价格提示信息。

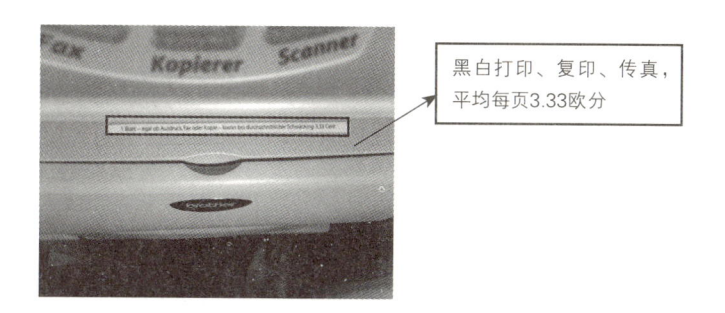

黑白打印、复印、传真,平均每页3.33欧分

对比不同场所打印费用的差别,将黑白打印、彩色打印、快速打印、胶版印刷等各类费用注明,并把价目表张贴在显眼的位置。同时在价目表上标注清楚解决打印问题的公司内部负责人以及印刷厂的联系方式。

6.5 给设备连接线贴上标签

设备的备用连接线和充电器若长时间未使用，放置在储物柜或抽屉中，人们就很可能忘记这些备用配件属于哪一个电子设备。另外我们还时常会看到，堆放设备连接线的角落乱成一团，这让我们难以分辨哪一条线连接着什么设备，特别是我们需要更换设备连接线的时候，这样的混乱秩序会让人更加恼火。

■ **解决方案**

给你目前使用以及备用的配件都贴上标签，注明它属于哪一个设备。你还应对缠绕在一起的连接线角落进行整理，将各个连接线整理开来，并贴

上相应的标签，在这个过程中，你甚至可能找到其实两端都没有连接设备的线。

■ 关键技巧

在你下次购买新的设备后，直接在其附件上贴上标签。

■ 附加建议

除了简单地给配件贴上标签，你还可以使用不同颜色的标签对不同种类的线路进行区分。例如：你可以始终使用蓝色的标签标记电源线、用红色的标签标记打印机连接线。

6.6 标明电池电量情况

在给电子设备更换电池时，我们可能不知道备用电池是否有电。

■ 解决方案

在电池充电器旁放置两个盒子，并标明两个盒子分别存储电量充足的电池和电量不足的电池。

■ 关键技巧

将有关电池充电的操作指示打印出来，并贴在充电器和收纳电池的盒子旁边。有关电池充电的操作指示可作如下规定：更换电池后，请你立刻给电量不足的电池充电，除非充电器没有充电的位置，才将电量不足的电池放进相应的盒子。

6.7 编写设备使用方法的简化教程

在使用打印机、传真机、咖啡机等办公室电子设备时，员工可能会经常遇到操作问题。公司的新同事、其他部门的同事以及实习生遇到这样问题的情况会更多，因为他们对新办公场所电子设备的特性还不够了解。为了使用这些设备，他们不得不找出产品说明书认真阅读后，才能使用相应设备。但这样做实在是浪费时间、降低效率。

■ 解决方案

为你办公场所的办公设备编写使用方法的简化教程，并配以图片。通过这种多图配以简单文字的可视化教程，员工可以迅速掌握相关设备的使用方法。

装订机的使用方法

Brother牌标签打印机的使用方法

■ 这样做的好处

☞ 新同事在使用办公设备时也能轻松上手。

☞ 员工在办公过程中不会因为设备使用问题而降低办公效率。

■ 关键技巧

请将设备使用方法的简化教程贴在显眼的位置，你可以将它直接贴在设备上，也可以将它贴在设备旁边。

咖啡机的简要操作说明

■ 附加建议

在简化教程指南的后面，附写上公司内部可以解决设备使用问题的负责人的联系方式以及设备维修人员的联系方式。

6.8 借用公共设备

公司诸如投影仪、数码相机等公用设备通常没有固定的存放地点，因此当员工需要使用的时候不得不四下询问。还有些时候，可能他们找到了相机，却找不到配套的连接线或者其他配件。

■ 解决方案

为存放公用设备设置一个专门的地点，标明该处存放的设备名称是什么，并张贴一份取用名单，供借用设备的员工填写借用情况。

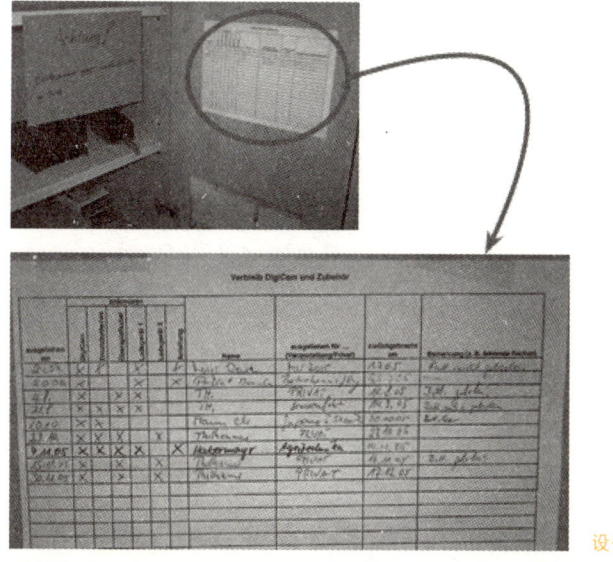

设备取用名单

■ 这样做的好处

当员工需要使用办公设备时，无须浪费寻找时间。当设备正在使用时，通过设备取用名单，即可知道是谁借走了设备。

6.9 提高效率目标达成

通常来说，现在的年轻实习生比年长的员工更加熟悉计算机相关领域的问题。因此在你借鉴本章提供的建议时，如果有不清楚的问题也可以向年轻人多多请教，例如在编写电子设备的简化操作教程时。

■ **自测**

你现在是否已经习惯，从网站下载文件或者通过邮件下载附件时，直接将文件保存在相应的文件夹中，不再堆放在桌面上？

□是　　□否

你即使在桌面上放置文件图标，也仅是原始文件的快捷方式图标？　　□是　　□否

备用的打印纸包是否整齐地放置在触手可及的位置？

□是　　□否

是否通过使用看板卡片，员工可以找到相应的物资部门，领取办公用品，形成办公用品使用和维护的自助模式？

□是　　□否

是否在公司专门设置存放不同种类设备的储物柜，使得所有员工都能在短时间内找到他们需要的设备，以此形成电子设备取用的自助模式？　　　　　　　　　　　　　　□是　　　□否

你是否已将负责设备问题的人员名单列出并张贴？

□是　　　□否

是否已在打印机上张贴出打印价目表？　　　□是　　　□否

同时，你是否已在价目表上标注清楚解决打印问题的公司内部负责人以及印刷厂的联系方式？　　　　□是　　　□否

你是否已经给目前使用以及备用的配件都贴上了标签，注明它属于哪一个设备？　　　　　　　　　　□是　　　□否

你现在是否已经养成习惯，每次购买新的设备后，直接在其附件上贴上标签？　　　　　　　　　　　□是　　　□否

另外，你是否还使用了不同颜色的标签对不同种类的线路进行了区分？　　　　　　　　　　　　　　□是　　　□否

是否已在电池充电器旁放置了两个盒子，并标明了两个盒子分别存储电量充足的电池和电量不足的电池？□是　　　□否

你是否已为办公场所的办公设备编写了配以图片的简化使用教程？　　　　　　　　　　　　　　　　□是　　　□否

在简化教程的后面，是否还附写了公司内部可以解决设备使用问题的负责人的联系方式以及设备维修人员的联系方式？

☐是　　☐否

是否为存放公用设备设置了专门的地点，标明该处存放的设备是什么，并张贴了取用名单，供借用设备的员工填写借用情况？　　　　　　　　　　　　　　　☐是　　☐否

第7章

自主掌控
工作任务

成功源于专心致志,将分散精力的要求置之不理。

——约根·库尔茨

第7章 自主掌控工作任务

你是否会经常遇到下列情形：
☞ 为了赶在截止时间前完成工作，必须工作到深夜。
☞ 开会前一秒还在匆匆忙忙地进行准备工作。
☞ 工作日程安排十分混乱。

高负荷的工作量可能让许多人承受着巨大的生活和工作压力。

☞ 你本想时刻保持对工作的掌控感，希望对于当天乃至未来一个星期的工作内容都了若指掌。

☞ 但是一旦工作节奏被打乱，就会变得手忙脚乱。

其实如果你能提高办公效率、自主掌控工作任务，那么相信你也能轻松应对工作压力。现在我很高兴地告诉你，在最后一章的内容中，你将会了解实现目标的有效建议。

虽然我们之前介绍了很多实用的应用程序，并向你解释了适用方法，但是单纯依靠应用软件并不能拯救你超负荷的工作量。如果你承诺了过重任务的工作，即使你使用最完美的应用软件也无能为力。

你将会发现：解决问题的方法依然隐藏在高效办公一般原则的背后——所有事物都各安其位、各得其所！

7.1　合理规划你的日程及工作任务

如果规划和记录工作日程不够体系化、规律化，而是在各种便利贴、日历、笔记本上随手一记，甚至仅是简单地将工作任务记在脑子里，那么就很可能在关键时刻忘记很重要的事情。

■ 解决方案

使用统一的、有规律的方法，体系化地记录你的工作日程安排及工作任务。

■ 关键技巧

☞ 你可以使用你最喜欢的方式记录工作日程。无论你决定使用手写笔记、Excel电子表格或者任意一种在线笔记应用程序都可以。关键在于，在你选定记录方式后，要一以贯之地使用它，以此达到体系化、规律化地记录工作安排的目的。

☞ 在你的日历上记录工作日程及相对应的时间，例如：在日历上标记"周三16:00—17:00工作会议"。如果你没有为工作设置相应的完成时间段，请在日历上注明该项工作任务完成的截止时间，例如："编写文章截止日期：1月7日"。但是最好不要将具体的任务细节标记在日历上，否则日历上的内容会很满。另外，在规划具体工作时，你也会失去灵活性。

☞ 如果你通过邮件接收到大量工作日程安排和工作任务，你可以选择通过电脑直接管理。通过云存储技术同步分享，你还可以通过不同的终端设备实时查看你的工作规划。

☞ 如果你选择通过计算机记录你的工作安排，备份工作安排的相关数据十分重要。万一电脑崩溃，你也不会因此丢失相关内容。

相信很多读者在办公时都会选择Outlook处理收发邮件。其实Outlook也具有管理日程安排和工作任务的功能。现在我以这款软件为例，向你简单介绍如何通过此类软件合理规划你的日程及工作任务。

使用微软Outlook，你可以将邮件中的内容一键转换为工作任务或日程安排，添加到你的"日历"或者"任务"中，操作方法如下：

（1）用鼠标选中你希望转化为任务的邮件；

（2）点击鼠标右键长按该封邮件，进行拖动；

（3）将其拖动到Outlook"日历"或者"任务"的图标上；

（4）放开鼠标按键，在菜单中选择你希望进行的操作。

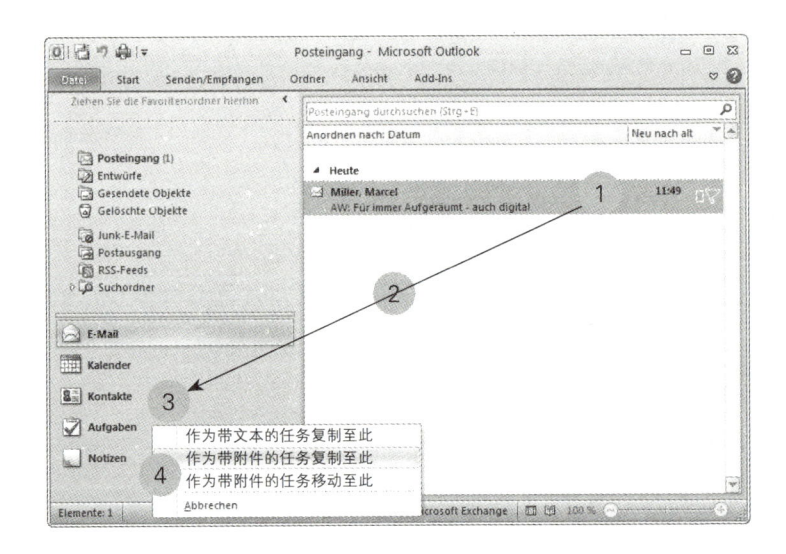

（5）进行后续操作，完善任务细节，例如：编辑任务"截止日期"。

建议：对于没有确定截止日期的任务，考虑一下你希望完成该任务的季度，将该季度的最后一天作为该项任务的截止日期，这样一来，那些非紧急任务就不会占据你任务列表的顶部位置，你就可以消除任务截止日期堆积如山

的风险。

对于通过非邮件形式，例如会议安排、信件等收到的工作任务，你通常会同时收到工作任务相关的纸质材料。在对这些文件进行整理、从中归纳工作日程的过程中，关键依然在于合理规划，在需要的时候方便使用。

在此，我们推荐你使用文件收纳盒。下图这种文件收纳盒，按照原本的设计概念以一个月为周期划分为31个分页。在整理纸质文件、归纳工作任务时，你可以将新的材料插入空的分页中。这样一来，不同的工作文件不仅可以相互区别开来，还获得了一个各不相同的数字编号。

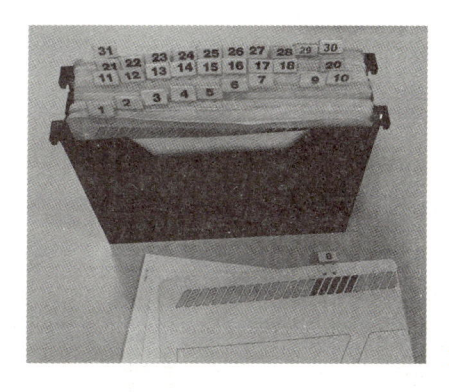

文件收纳盒

为了统一Outlook中的工作规划以及文件盒中的工作任务，你可以在Outlook中创建新的任务，并在任务主题的开头添加纸质文件存储在文件盒中的编号。

在Outlook中为通过纸质文件收到的任务创建任务

或者，你还可以使用快劳夹（吊挂式文件夹）来整理纸质文件。建议：你可以使用不同颜色的吊挂文件夹对文件类型进行区分。例如：你可以使用橙色的文件夹来收纳所有的短期文件，这样一来，不同的文件类型就可以一目了然。

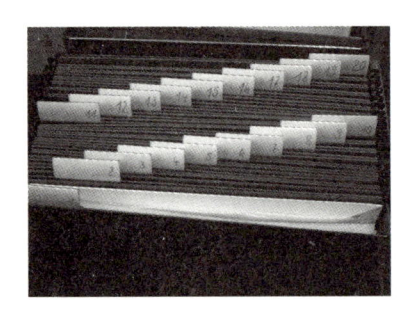

另外，你还可以使用下图中这种多层插页档案夹来整理你的文件。它的优点在于便于携带。另外你还可以在档案夹的封面上编写一张目录，这样你无须借助Outlook，就可以轻松知道档案夹内存有哪些文件。

如果你完成了相应的工作任务，你就可以将相关的纸质文件从档案夹中取出，然后档案夹内就有位置来存放新的文件了。

7.2　制定一周工作计划

合理规划你的日程及工作任务，是提高办公效率的重要一步。但是由于在日常生活中，员工会不断接到新的工作任务，工作节奏也可能会被更加棘手的事情打断。所以如果你仅是将日程安排和工作任务简单地记录下来，还不足以理清任务完成的先后顺序。

■ 解决方案

在新的一周工作开始之前，制定一份一周工作计划。查看一下你Outlook中的工作任务，你可以查看到：
- ☞ 你直接通过邮件转换的工作任务；
- ☞ 你为纸质文件添加的工作任务；
- ☞ 当季度你希望完成的任务；
- ☞ 常规的日常工作任务。

现在认真考虑一下：各项工作任务的优先级和完成截止日期；你希望在接下来一周中完成哪些工作任务。如果在规划的本季度任务中，有你希望在接下来一周中完成的，将该任务的截止日期做出相应的更改。

按照工作任务的截止日期排列你下一周希望完成的工作任务，排列的结果如下图所示。

按照截止时间进行排序

■ 关键技巧

☞ 在制定一周工作计划时，要合理安排工作任务的数量，不要在一周之内规划过多的工作任务。任务量相对较少，那么计划的完成度就会相应提高。

☞ 你可以将工作计划打印出来，将其贴在你目之所及的范围内，这样做对于你完成工作计划很有帮助。将规划的本周工作任务打印在一张A4纸上。由于一张A4纸最多能打印50项工作任务，所以天然限制了安排工作任务的数量。

☞ 任务规划不要超过一张A4纸的范围。

☞ 如果你规划的工作任务超过了50项，你应该将过多规划的工作任务摒弃删除。

☞ 如果你还不想摒弃过多规划的工作任务，你可以另外创建一个文件夹，将这些多规划的任务放置在该文件夹内。如果你本周工作结束时仍有余力，可以尝试继续完成这些工作任务。

如果你制定的一周计划过长的话，可能是由很多因素引起的：

☞ 可能是你将任务划分得太过精细，实际上，很多小的工作任务可以归纳在一个大的工作任务之下。

☞ 你在规划时目光太远，涉及了非紧急的任务。

☞ 如果你安排了过多的工作任务，却不是由上述两个原因引起的，那么可能是你对自己的工作能力要求过于苛刻。

本周工作任务规划

■ 这样做的好处

制定一周工作计划，有利于你集中精力完成重要的工作任务，并赋予你相对的灵活性以应对多变的工作情况。

7.3 制定每日工作计划

一周工作计划囊括了你未来一周重要的工作事项。但是由于计划的时间相对较长，可能还存在一些任务无法完成的风险。因此制定每日工作计划是很有必要的。

■ 解决方案

养成每天下班之前计划第二天工作任务的习惯，制定隔日的工作安排仅需几分钟的时间。

扫一眼你的一周工作计划，考虑一下，明天你将完成哪些工作任务、日程安排。

■ 关键技巧

将隔日的工作计划打印下来或者手写下来，对于完成计划很有帮助。

优点：

☞ 你可以通过写笔记的方式，对你隔日即将完成的工作任务加深印象。

☞ 你可以按照工作任务的优先程度，对隔日需要完成的工作任务进行重新排序。

■ 这样做的好处

每日工作计划可以帮助你合理安排工作时间，从容不迫地完成一天的工作任务。

7.4 任务列表亦是档案目录

你可能并不明了，在档案夹每个分页或隔页中收录的，究竟是哪些具体纸质文件。

■ 解决方案

在Outlook中按照主题内容将任务重新排列一次。因为你在为纸质文件创建任务时，添加了相应的编号，所以任务将会自动按照编号顺序进行排列。此时会形成一份新的任务列表，而这份任务列表亦可以当作你的档案目录使用。

■ 关键技巧

在为纸质文件创建任务的同时，请你务必添加相应的数字编号（编号为1~9时，请在数字前加0，例如：04）。这样一来，当你按照主题内容排列任务时，任务将会自动按照编号顺序进行排列。

```
01 Für immer Aufgeräumt - auch digital
02 Handout Seminar "Für immer aufgeräumt" drucken lassen
03 Rechnungreklamation Sammelrechnung Maier bearbeiten
05 Seminaranmeldung EAT bestätigen
06 Hostingverträge auf neuen Rahmenvertrag umbuchen
08 Reisekostenabrechnung Maier erstellen
11 Doku Prozessworkshop prüfen und verschicken
12 Checkliste Einarbeitung Praktikant überarbeiten
14 Sicherungskonzept neue Server (Vorbereitung Si
17 Rufumleitung neue Faxgeräte einrichten
18 Lessons Learned Kundenprojekt Müller dokumer
19 Planung Betriebsausflug März 2014
20 Agenda Vertriebsmeeting verschicken
23 Meeting planen für Rollout CTI
25 Projektplanung Hermann: Terminplan finalisieren
28 Verbesserungsvorschlag EDV Ablage umsetzen
30 Schulung bei Lange Immobilienverwaltung vorbereiten
```

通过主题排序，任务列表亦是档案目录

7.5 使用电子文件夹管理任务

有些时候，你可能突然灵光一闪，想出一个好点子，但是并没有想出具体的工作任务。你也可以将这些工作中产生的灵感或者计划放进你的任务列表中进行管理。但是这样可能导致你的任务列表过长并且不够一目了然。

■ **解决方案**

在"我的任务"下创建"灵感"任务列表，将工作中产生的灵感或者计划放置在这个任务列表之下，在你工作仍有余力时，你可以对这些工作灵感进行再创造。

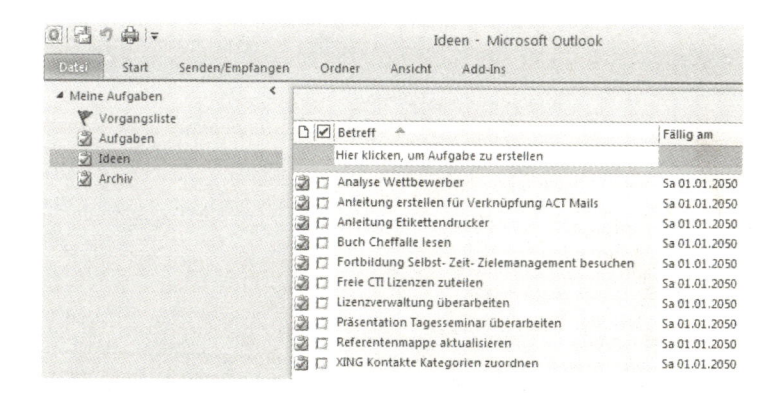

■ **关键技巧**

☞ 将该列表中工作灵感任务的截止期限设置在相对

较久远的时间点，如此一来，此类工作灵感或者任务就会出现在全部任务的底部，不会打断你完成急迫工作的节奏。

☞ 在制定一周工作计划时，应该兼顾这一任务列表中的任务，在你工作仍有余力时，对这些工作灵感进行再创造。否则创建这项任务列表毫无用处。

■ 这样做的好处

你在工作中迸发出的灵感，将来可能成果丰厚，但它们并非是你当下工作的重点。按照本节的方法整理归纳这些灵感和创意，既可以确保你不会遗忘它们，在将来某个时间点对其进行再加工，又可以保证它们不会影响你当前的工作进程。

7.6 提高效率目标达成

成功不在于人们完成了多少事情，而是在于人们有清晰的工作目标，并为之全力以赴。如果你在完成重要工作时遇到困难，无法集中注意力全力以赴，那么可能是你对自己的工作能力过分苛求，导致自己为自己安排了过多的工作任务。别担心，请你先集中精神，专注于最重要的工作任务，然后你自然会发现：很多细小的问题都会迎刃而解！

■ 自测

是否使用了统一的、有规律的方法体系化地记录你的工作日程安排及工作任务?　　　　　　　　　　□是　　□否

你是否已经养成了习惯,将日程安排添加到你的日历中;同时为了避免日历上的内容过满,没有将具体的任务细节标记在日历上?　　　　　　　　　　　　　　　　　　□是　　□否

对于没有具体完成时间段的工作任务,你是否也为其设置了完成的截止期限?　　　　　　　　　　　　　□是　　□否

通过计算机记录你的工作安排时,你是否已养成备份相关数据的习惯?　　　　　　　　　　　　　　　　□是　　□否

对于没有时间期限的工作任务,你是否也根据自己的实际情况,为其设置了大致的完成期限?　　　　　　□是　　□否

你是否已经养成习惯,在新的一周工作开始之前,制定一份一周工作计划?　　　　　　　　　　　　　　□是　　□否

一周工作计划中涉及的安排和任务是否不超过一张A4纸的范围?　　　　　　　　　　　　　　　　　　□是　　□否

如果某项工作超出了你的工作负荷,你是否会仔细考虑,能否将这项工作从本周计划中删除?　　　　　　□是　　□否

你是否已经养成了习惯,在每天下班之前,腾出几分钟的时间,为隔天的工作制定一份简单的计划?　　　□是　　□否

极简工作 II
——打败拖延和焦虑，从整理电脑开始

你是否已经学会将任务列表当作档案目录使用的方法？

☐是　　☐否

你是否已经开始使用不同的任务列表或任务文件夹管理不同类型的任务？　　☐是　　☐否

你是否在"我的任务"下创建了"灵感"任务列表，将工作中产生的灵感或者计划放置在这个任务列表之下，在工作之余仍有余力时，对这些工作灵感进行再创造？　　☐是　　☐否

是否为不同任务领域创建了相应的管理列表，并将工作任务进行了对应的分类？　　☐是　　☐否

Published in its Original Edition with the title
Für immer aufgeräumt-auch digital: So meistern Sie E-Mail-Flut und Datenchaos
Author: Jürgen Kurz
By GABAL Verlag GmbH
Copyright © GABAL Verlag GmbH, Offenbach
This edition arranged by Beijing Zones Bridge Culture and Media Co., Ltd.
Simplified Chinese edition copyright © 2017 by China Renmin University Press.
All rights reserved.

富兰克林读书俱乐部

百万有趣中产阶层的精神
食堂和生活学院

图书在版编目（CIP）数据

极简工作.Ⅱ，打败拖延和焦虑，从整理电脑开始／（德）约根•库尔兹著；王梦哲译.—北京：中国人民大学出版社，2017.7
ISBN 978-7-300-24364-1

Ⅰ.①极… Ⅱ.①约… ②王 Ⅲ.①工作—效率—通俗读物 Ⅳ.①C935-49

中国版本图书馆CIP数据核字（2017）第084449号

极简工作Ⅱ
打败拖延和焦虑，从整理电脑开始
［德］约根•库尔兹（Jürgen Kurz） 著
王梦哲 译
Jijian Gongzuo Ⅱ

出版发行	中国人民大学出版社			
社　　址	北京中关村大街31号		邮政编码	100080
电　　话	010-62511242（总编室）		010-62511770（质管部）	
	010-82501766（邮购部）		010-82514148（门市部）	
	010-62515195（发行公司）		010-62515275（盗版举报）	
网　　址	http://www.crup.com.cn			
	http://www.ttrnet.com（人大教研网）			
经　　销	新华书店			
印　　刷	北京玺诚印务有限公司			
规　　格	148 mm×210 mm　32开本	版　次	2017年7月第1版	
印　　张	5.5 插页2	印　次	2017年12月第2次印刷	
字　　数	88 000	定　价	39.00元	

版权所有　　侵权必究　　印装差错　　负责调换